Die faszinierende Welt der Optischen Illusionen

moses.

CLIVE GIFFORD

Die faszinierende
Welt der
Optischen
Illusionen

Beratung PROFESSOR ANIL SETH

moses.

Copyright der Originalausgabe:
© 2013 Ivy Press
210 High Street
Lewes
UK – East Sussex BN7 2NS

Originaltitel: Eye Benders

Copyright der deutschsprachigen Ausgabe:
© 2016 moses. Verlag GmbH
2. Auflage 2017

moses. Verlag GmbH
Arnoldstraße 13d
47906 Kempen
Fon 02152 – 209850
Fax 02152 – 209860

Mail info@moses-verlag.de
www.moses-verlag.de

ISBN 978-3-89777-890-0

Text: Clive Gifford
Berater: Professor Anil Seth
Innendesign: Joanna Clinch
Übersetzung aus dem Englischen: Scriptorium GbR,
Brigitte Rüßmann und Wolfgang Beuchelt, Köln
Satz & Redaktion: bookwise GmbH, München
Umschlagsgestaltung: Marc Margielsky

INHALT

TRAUE DEINEN AUGEN NICHT!

Herzlichen Glückwunsch! Wir Menschen sind mit erstklassigem Sehvermögen ausgestattet (entweder von Natur aus oder mithilfe von Brille, Linsen oder Laser-OP). Unsere Augen versorgen das Gehirn mit detailreichen Informationen. Gemeinsam bilden sie einen extrem leistungsstarken Sehapparat, mit dessen Hilfe wir die Welt um uns herum wahrnehmen und verstehen. Auf diese Weise können wir eine große Vielfalt an Farben, Formen und Gegenständen erkennen, kleinste Details ausmachen und weite Panoramen erfassen — und zum Beispiel diese Worte lesen.

Aber es ist längst nicht alles perfekt. Augen und Gehirn sind nicht unfehlbar und können überlistet werden. Dieses Buch steckt voll dieser kleinen Tricks — von Bildern, die mit der Perspektive spielen, bis zu Farb-, Tiefen- und geometrischen Illusionen, die zeigen, wie Augen und Gehirn arbeiten. Ganz nebenbei erfährst du etwas über den Blinden Fleck, Stäbchen und Zapfen, die visuellen Zentren des Gehirns und wie das Gehirn aus den zwei Bildern, die die Augen liefern, eines macht. Es öffnet dir die Augen — im wahrsten Sinne des Wortes! Aber nicht alle Illusionen funktionieren bei allen Menschen gleich gut, wundere dich also nicht, wenn du den einen oder anderen Effekt nicht erkennst.

Hier ist ein Vorgeschmack auf die vielen verschiedenen Täuschungen in diesem Buch.

FISCH OHNE WASSER

Kriegst du den Fisch ins Glas? Kleiner Tipp: Schaue erst einmal konzentriert ca. 45 Sekunden auf den Fisch. Weitere Täuschungen dieser Art findest du auf Seite 24 und 25.

WÜRFEL ZÄHLEN

Wie viele Würfel siehst du in diesem Bild? Wirklich? Drehe das Buch einmal um 90 Grad und zähle dann noch einmal. Auf Seite 52 findest du weitere Täuschungen dieser Art.

FARBVERWIRRUNG

Wie viele verschiedene Farben kannst du auf diesem Würfel erkennen (er wurde vom Neurologen Beau Lotto entwickelt)? Die Antwort wird dich verblüffen. Weitere Farbillusionen findest du auf Seite 28–31.

Die Antworten findest du auf Seite 63.

DEN BOGEN RAUS

Welcher dieser Bogen gehört zum größten Kreis? Ganz einfach, oder? Weitere Größentäuschungen findest du auf Seite 32–35.

SPIRALE ODER KREIS?

Besteht dieses Bild aus Kreisen oder einer Spirale? Bist du sicher? Sieh noch einmal genau hin. Die Kaffeehaus-Täuschung auf Seite 39 funktioniert ähnlich.

HALLO, LIEBES GEHIRN!

Dies ist der Ort, an dem alles passiert, an dem unsere Gedanken, Pläne, Träume und Handlungen entstehen. Das Gehirn kontrolliert alle Teile unseres Körpers, lässt unsere Sinne die Außenwelt erfahren und speichert all unsere Erinnerungen. Für etwas, das nicht einmal 2 kg wiegt und nur so groß ist wie ein kleiner Blumenkohl, ist das ziemlich beeindruckend!

Der Schädel umschließt unser Gehirn wie ein Schutzhelm. Darunter liegt die Hirnrinde, der äußere Teil unseres Gehirns, der in zwei Hirnhälften — die Hemisphären — geteilt ist. Die beiden Hirnhälften sind durch ein Bündel von rund 250 Millionen Nervenbahnen verbunden. Hirnstamm und Rückenmark verbinden das Gehirn mit dem restlichen Nervensystem (siehe Seite 10). Die beiden Gehirnhälften sind in verschiedene Teile, Lappen genannt, unterteilt, die unterschiedliche Aufgaben erfüllen. Bei allem, was sich im Gehirn so tut, ist es kaum verwunderlich, dass es für rund ein Fünftel unseres täglichen Energieverbrauchs verantwortlich ist.

FRONTALLAPPEN

Dieser Teil ist für intensive Denkvorgänge, wie das Erlernen von Fähigkeiten und Fakten oder für sorgfältiges Planen einzelner Schritte, verantwortlich. Zudem unterstützt er uns bei bewussten Bewegungen unserer Muskeln.

TEMPORALLAPPEN

Diese Regionen finden sich unten an den Seiten des Gehirns und sind an der Speicherung von Erinnerungen und beim Erkennen von Objekten beteiligt.

STAMMHIRN

Es verbindet das Gehirn mit dem Rückenmark (siehe Seite 11) und kontrolliert die Dinge, die im Körper automatisch ablaufen, ohne dass wir über sie nachdenken müssen, wie etwa die Verdauung, den Herzschlag oder das Atmen.

KLEINHIRN

Es hilft bei der Organisation der Signale, die an unsere Muskeln gesendet werden, damit unsere Bewegungen flüssig und genau sind. Es hilft außerdem, das Gleichgewicht zu halten, und beim Erkennen von Räumen und Entfernungen.

PARIETALLAPPEN

Diese Lappen arbeiten immer. Sie sagen uns, was unsere Fingerspitzen spüren, warnen den Körper vor Schmerzen und vor heißen oder kalten Temperaturen. Außerdem helfen sie bei der Steuerung von Aufgaben wie Schreiben und Malen.

OCCIPITALLAPPEN

Der am Hinterkopf sitzende Bereich verarbeitet alle Signale, die die Augen über den Sehnerv schicken, und verhilft uns so zu unserem Gesichtssinn. Er ist zudem an der Objekt- und Farberkennung beteiligt.

NERVEN-NETZWERK

Um gut zu funktionieren, benötigt unser Gehirn riesige Mengen an Informationen aus allen Bereichen des Körpers. Auf diese Weise erfährt das Gehirn, wie gut der Körper gerade arbeitet und wie es in der Außenwelt aussieht. Das Nervensystem ist die Datenautobahn unseres Körpers. Es besteht aus Millionen von Nervenzellen, den Neuronen, die, zu Fasern gebündelt, den gesamten Körper durchziehen.

Nervensignale sind winzige elektrische Impulse. Sie laufen immer in einer Richtung, entweder zum Gehirn oder von ihm weg. Signale von Augen, Ohren, Haut und anderen Bereichen erreichen das Gehirn über Sinnesnerven. Über Bewegungsnerven kann das Gehirn den Muskeln mitteilen, wann sie sich entspannen, zusammenziehen oder einen Körperteil bewegen sollen.

PERIPHERES NERVENSYSTEM

Die Nervensignale aus allen Körperbereichen gelangen über die Fasern des peripheren Nervensystems zum Rückenmark.

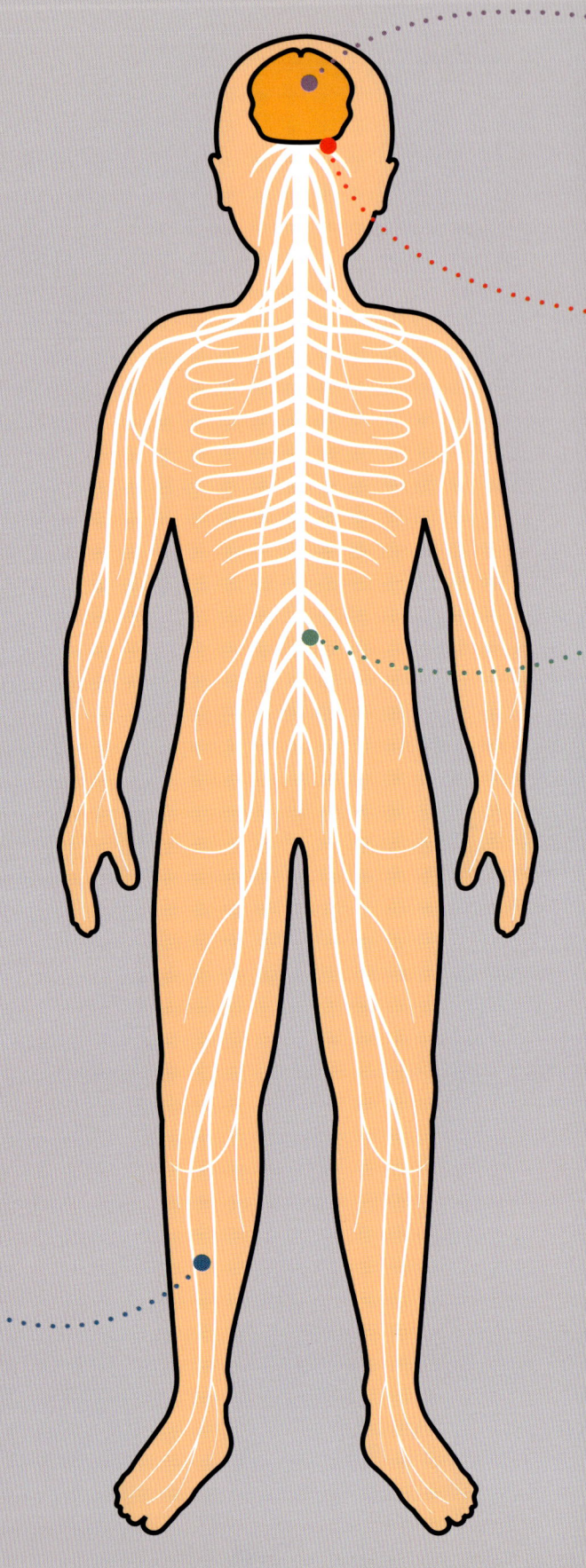

GEHIRN

Gehirn und Rückenmark bilden gemeinsam das zentrale Nervensystem. Das Gehirn bewältigt bei der Verarbeitung der Millionen von Nervensignalen, die es erreichen, eine gewaltige Aufgabe.

SEHNERV

Da unsere Augen jede Sekunde Millionen von Signalen erzeugen, hat jedes Auge seine eigene Datenautobahn, den Sehnerv.

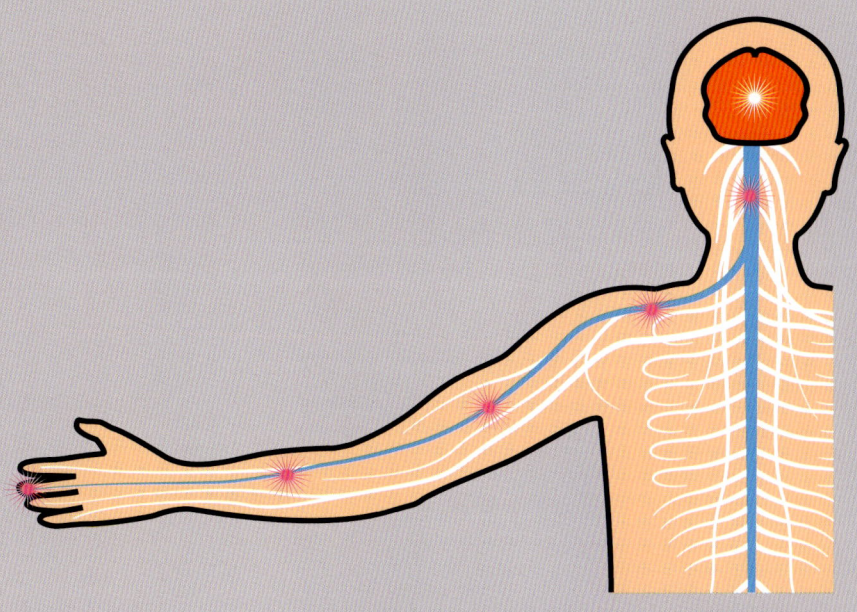

RÜCKENMARK

Das ist der Teil des Nervensystems, der durch den Wirbelkanal verläuft. Bei Erwachsenen ist es 43–45 cm lang und wiegt nur 35–40 Gramm (so viel wie eine große Erdbeere). Dennoch überträgt es über seine Verbindung am Stammhirn Unmengen von Signalen in beide Richtungen.

REISE EINES SIGNALS

Wenn wir einen scharfen Gegenstand anfassen, senden die Schmerzsensoren in unserer Haut über die sensorischen Nerven in den Fingern Signale ans Gehirn. Sie werden mit einer Geschwindigkeit von bis zu 120 Metern pro Sekunde übertragen – das sind über 430 km/h! Über Bewegungsnerven (motorische Nerven) kann das Gehirn dann direkt die Antwort an die Finger schicken, die Quelle des Schmerzes loszulassen.

PROPRIOZEPTION: FÜHLE DIE KRAFT

Über das Nervensystem verschickt unser Körper unablässig Informationen darüber, wo sich seine einzelnen Körperteile gerade befinden. Täte er dies nicht, hätten wir gar keine Kontrolle über unseren Körper. Diese Eigenwahrnehmung nennt man Propriozeption.

Um sie bewusst wahrzunehmen, strecke die linke Hand über den Kopf nach oben, schließe die Augen und versuche, mit dem rechten Zeigefinger deine Nase zu berühren und den linken Daumen mit dem rechten Zeigefinger. Obwohl du nichts siehst, finden deine Finger ihr Ziel. Das funktioniert, weil unser Nervensystem dem Gehirn ständig sagt, wo sich Nase, Arme und Finger gerade befinden.

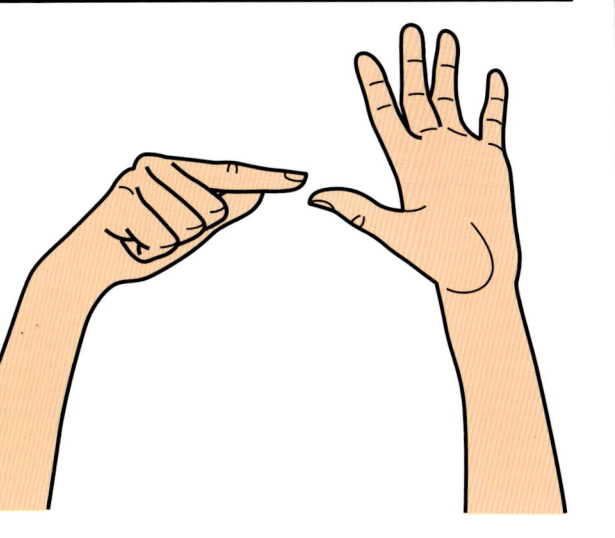

AUGEN AUF!

Unsere Augen sitzen in Knochenhöhlen im Schädel. Nach vorne sind sie durch Wimpern, Augenlider und Tränenkanäle geschützt, die den Augen alle paar Sekunden beim Blinzeln eine kleine Wäsche verpassen. Die salzige Tränenflüssigkeit stammt aus den Tränendrüsen, die so groß wie Mandeln sind. Zudem schützt eine robuste, durchsichtige Schicht das Auge, die man Hornhaut nennt.

Licht gelangt durch die Hornhaut und ein kleines Loch, die Pupille, ins Auge. Dann wandert es durch die klare Linse, die das Licht bündelt, sodass es auf der Rückseite des Auges auf eine Schicht fällt, die Netzhaut heißt. Dort fangen 120—130 Millionen Spezialzellen — die Stäbchen und Zapfen — das Licht ein und verwandeln es in elektrische Signale. Nach einer kurzen Verarbeitung gelangen sie über den Sehnerv zum Gehirn.

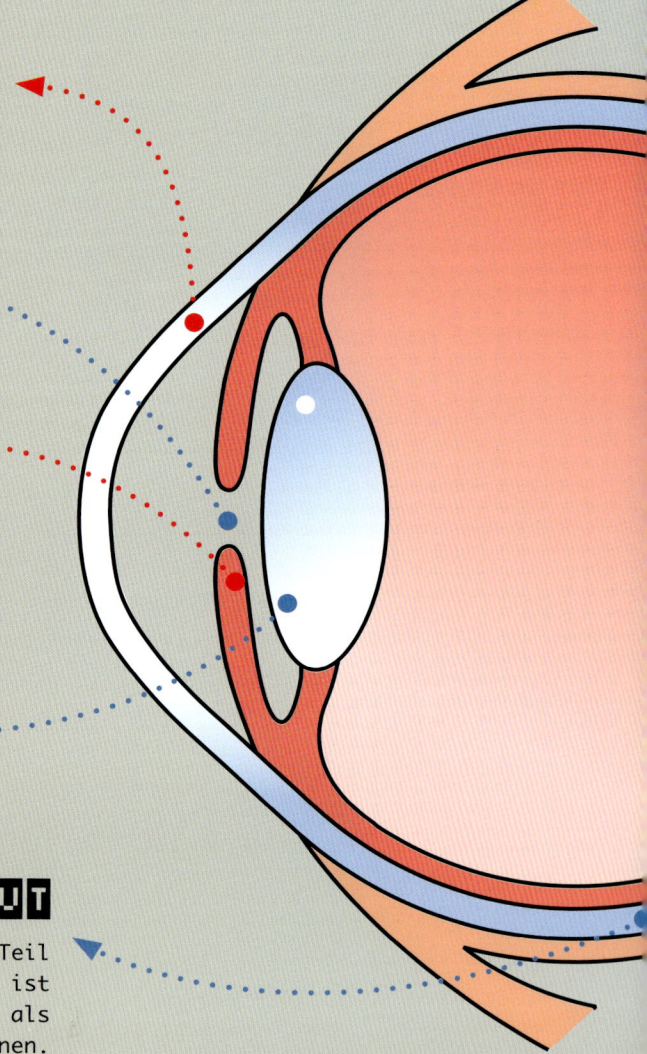

HORNHAUT

Die gewölbte, durchsichtige Schicht bedeckt die Vorderseite des Auges, schützt Iris und Pupille und hilft beim Bündeln des Lichts.

PUPILLE

Das kleine schwarze Loch in der Mitte des Auges, durch welches das Licht einfällt.

IRIS

Ein farbiger Ring im Auge, der meist grau, grün, blau oder braun ist. Winzige Muskeln in dieser Haut können die Größe der Pupille ändern und bestimmen so, wie viel Licht ins Auge gelangt.

LINSE

Diese durchsichtige, abgeflachte Kugel bündelt das Licht und schickt es zur Augenrückseite. Ziliarmuskeln halten sie an Ort und Stelle.

LEDERHAUT

Sie umschließt den größten Teil des Augapfels. Die Lederhaut ist der Teil des Auges, den wir als das Weiße im Auge sehen können.

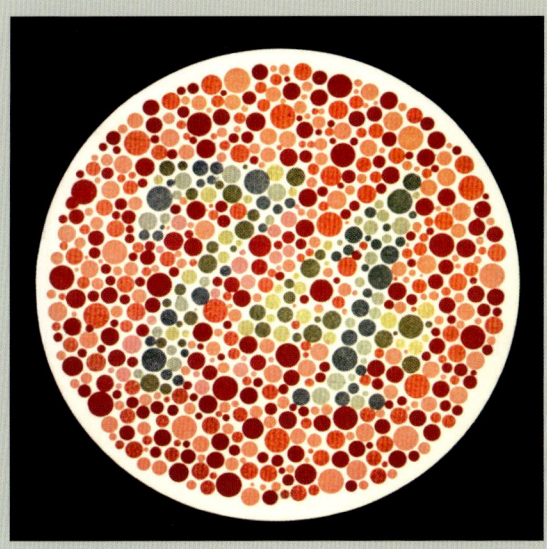

FARBENBLINDHEIT

Manche Menschen leiden an Farbenblindheit. Sie kann unterschiedlich stark
sein und entsteht, wenn einige oder alle
Zapfenzellen nicht richtig arbeiten.
Völlige Farbenblindheit ist selten. Sie
bedeutet, dass jemand überhaupt keine
Farben erkennen kann. Bei einer häufi-
geren Form der Farbenblindheit können
Menschen Rot und Grün schwer unterscheiden. Mit der Ishihara-Farbtafel kann man
dies testen. Was siehst du? Auf Seite 63
findest du die Antwort.

NETZHAUT

Diese Haut an der Rückseite des Auges
ist mit Millionen von Fotorezeptoren ausgestattet, den Stäbchen und Zapfen. Sie
reagieren auf Licht bestimmter Wellen-
längen und lösen Nervenimpulse aus. Die
Stäbchen reagieren besonders auf Hellig-
keit und Dunkelheit, Formen und Bewegungen und erlauben uns, bei schwachem Licht
zu sehen. Die Zapfen sind farbempfindlich
und es gibt viel weniger von ihnen – auf
jeden Zapfen kommen 16–17 Stäbchen.

SEHNERV

Jeder Sehnerv besteht aus rund
einer Million Nervenfasern.
Sie leiten die Signale von den
Augen zum Gehirn.

GLASKÖRPER

Keine Sorge, zerbrechen kann der Glaskörper
nicht. Es handelt sich vielmehr um eine
durchsichtige, gelartige Füllung, die rund
80 Prozent des Auges ausmacht und ihm hilft,
seine Form zu halten.

DIE LINSE

Direkt hinter Pupille und Iris sitzt die Linse, ein entscheidendes Element des Sehapparats. Ihre Vorder- und Rückseite sind konvex (nach außen gewölbt). Dadurch wird das Licht auf dem Weg durch die Linse gebündelt, weshalb wir auf Bilder oder Gegenstände, die wir betrachten wollen, scharf stellen können.

Licht bewegt sich gerne auf geraden Bahnen. Von unseren Augen wird es aber zweimal abgelenkt (gebrochen)! Erstens leitet die gewölbte Hornhaut es in Richtung Pupille in der Augenmitte. Sie öffnet sich bei wenig Licht weit, um mehr davon einzufangen, und zieht sich bei viel Licht zusammen. Das Licht, das sie einfängt, wird dann von der Linse erneut abgelenkt. Um ein scharfes Bild zu erhalten, muss das Licht von nahen Objekten stärker gebrochen werden als das von entfernteren Gegenständen. Je nachdem, was wir betrachten, wird die Linse daher gestreckt oder gestaucht.

AUF DEM KOPF

Wenn wir etwas betrachten, wie etwa diesen Vogel, bündelt das Auge das Licht. Es wird von der Linse gebrochen (das heißt, es wird abgelenkt), sodass ein scharfes Abbild auf der Netzhaut an der Rückwand des Auges entsteht – allerdings auf dem Kopf. Aber keine Angst! Der Sehnerv transportiert die Informationen zu den Sehzentren des Gehirns, die sie richtig herum verarbeiten.

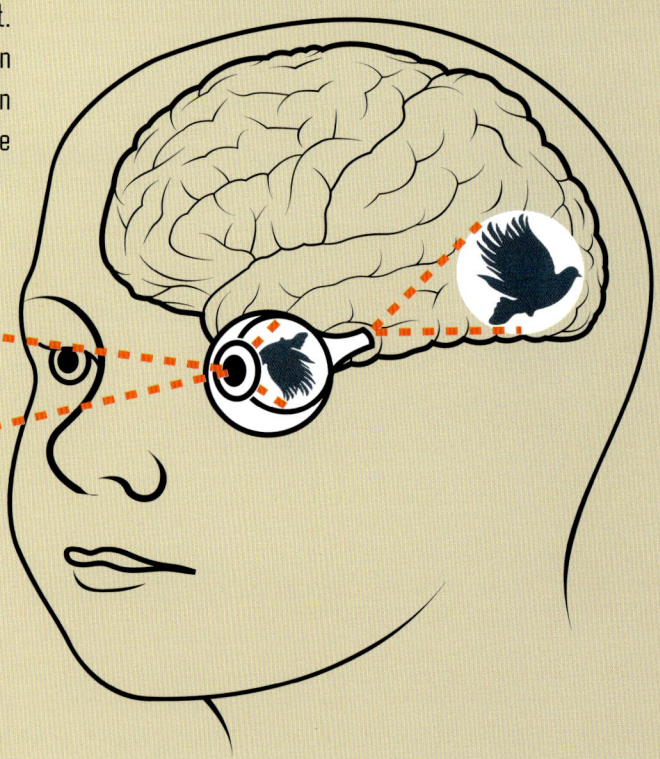

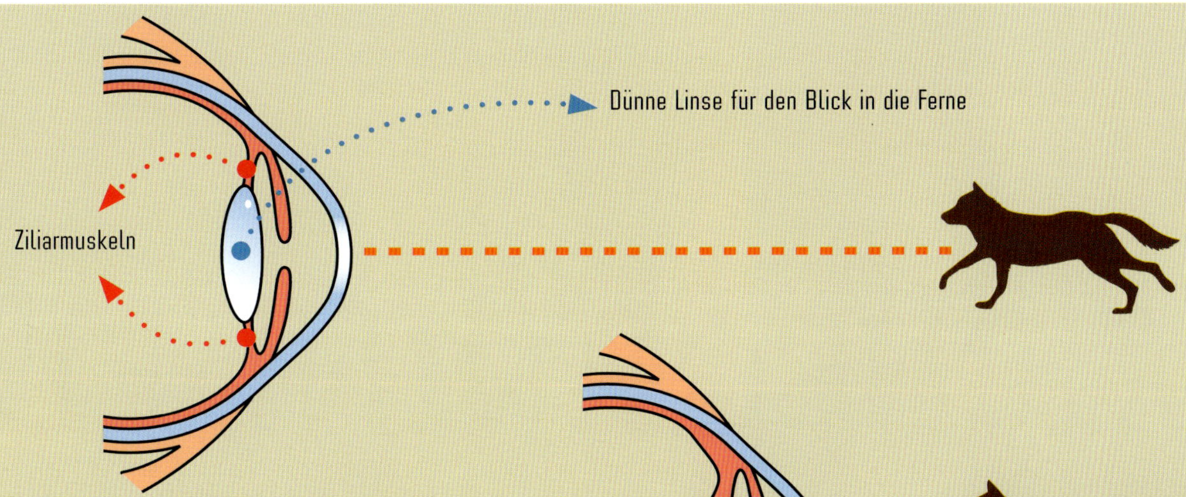

Dünne Linse für den Blick in die Ferne

Ziliarmuskeln

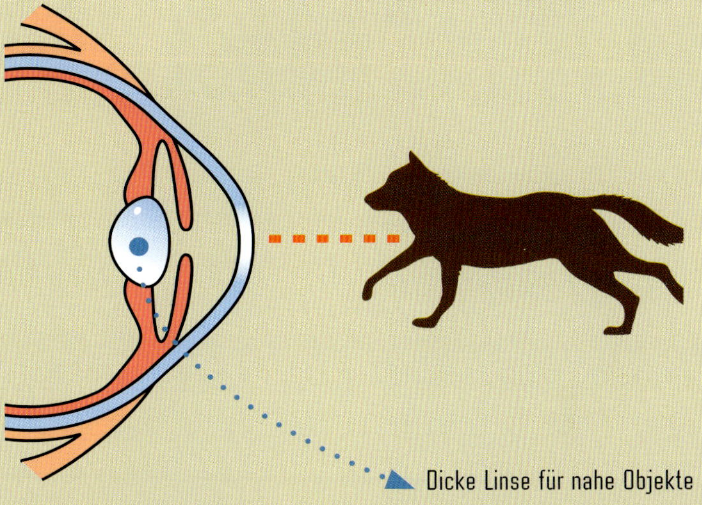

Dicke Linse für nahe Objekte

NAH ODER FERN

Die Ziliarmuskeln, die die Linse an ihrem Platz halten, können sich entspannen und zusammenziehen und dabei die Form der Linse verändern. Betrachten wir etwas in der Ferne, entspannen die Muskeln und die Linse wird dünn – ideal für weites Sehen. Betrachten wir etwas in der Nähe, ziehen die Muskeln sich zusammen und die Linse wird für die Nahsicht dicker und runder.

BAU DIR EINE LOCHKAMERA

Eine Lochkamera kann verstehen helfen, wie das Auge funktioniert. Du benötigst eine Röhre aus Pappe, z. B. eine Chips-Rolle, Wachs- oder Butterbrotpapier, ein Gummiband und einen Zirkel. Schneide einen Papierkreis mit einem 3–5 cm größeren Durchmesser als die Röhre aus und spanne ihn mit dem Gummiband glatt über die Öffnung der Röhre. Stich mit dem Zirkel in den Boden der Röhre ein kleines Loch. Ziehe die Vorhänge zu und schiebe die Röhre mit dem Lochende so durch den Vorhangspalt, dass sie auf ein helles Objekt draußen zeigt. Nun solltest du das Bild auf dem Kopf stehend auf dem Papier erkennen können.

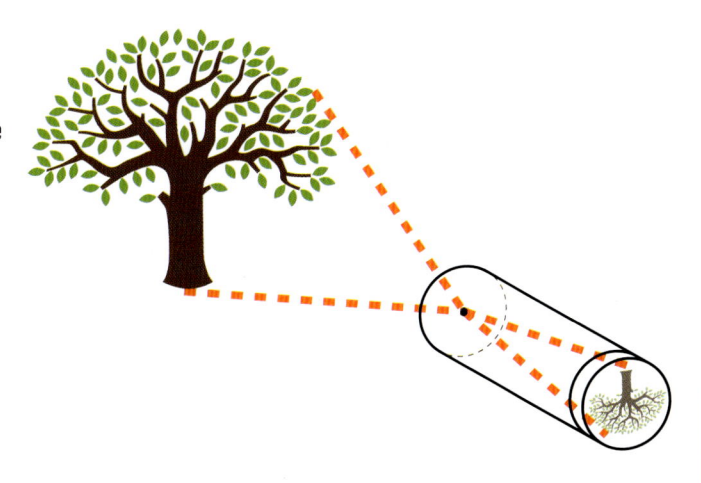

AUGENSCHWINDEL

Unsere Augen stellen immer wieder scharf, ähnlich wie der Autofokus einer Digitalkamera, nur sind sie dabei etwas nervös. Sie bleiben nur selten still stehen, sondern machen unbewusst winzigste Bewegungen, während sie ihre Umgebung abtasten. Wissenschaftler nennen diese Bewegungen Mikrosakkaden. Die Augen stellen zudem die Schärfe immer wieder nach, wenn sie den Blickwinkel leicht verändern. Einige optische Täuschungen nutzen diese Augenbewegungen und gaukeln uns vor, etwas würde seine Größe ändern, näher sein oder sich bewegen. Einen Teil der Bewegungsillusionen kann die Wissenschaft noch nicht ganz erklären, deshalb machen sie aber nicht weniger Spaß!

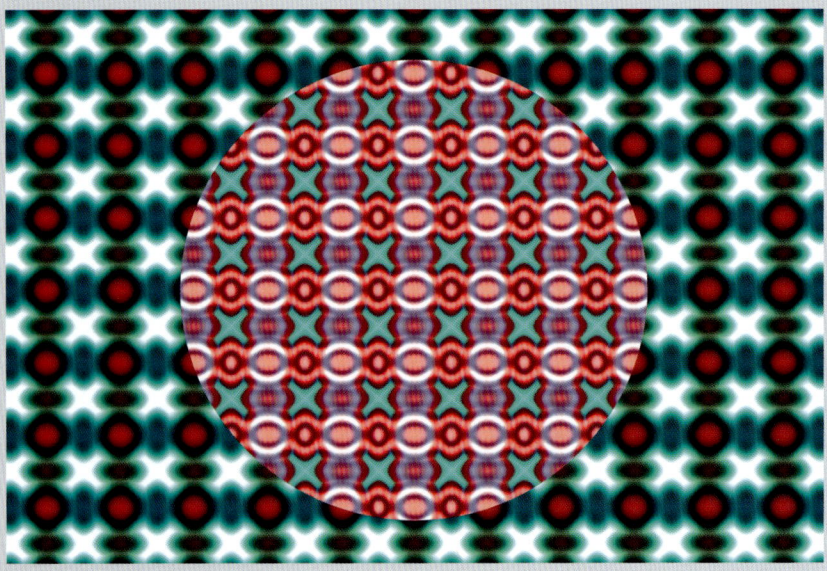

ES WÄCHST UND WÄCHST

Konzentriert man sich auf das Bild unten, scheinen die Rauten zu wachsen. Eigentlich verschwimmt aber nur der Hintergrund, wenn wir uns auf die dunklen Rauten konzentrieren, was dazu führt, dass sie größer zu werden scheinen.

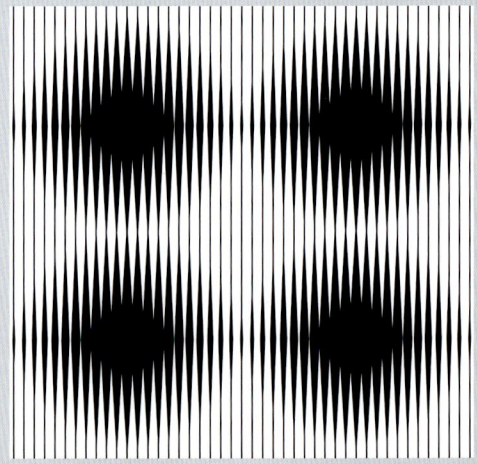

KÜNSTLICHE TIEFE

Der Kreis und der gemusterte Hintergrund befinden sich auf einer Ebene, dennoch gaukelt der verschwommene Hintergrund unseren Augen und dem Gehirn vor, der Kreis sei näher an unseren Augen als der Hintergrund und würde vor ihm schweben. Dies bezeichnet man auch als Tiefenwirkung.

WEHENDE BLÄTTER

Diese Blätter bewegen sich nicht, wirklich! Aber unser Gehirn denkt aufgrund ihrer verschiedenen Winkel und ihrer hellen und dunklen Kanten, sie würden sich sanft bewegen oder in Wellen über die Seite gleiten.

IN BEWEGUNG

Betrachte das Bild rechts für längere Zeit und es wird nach ein paar Sekunden anfangen, sich zu bewegen. Die Bildmitte scheint immer weiter nach hinten zu fallen, sich immer weiter von den Bildrändern zu entfernen. Diese Bewegungsillusion entsteht dadurch, dass sich unsere Augen ständig bewegen.

IMMER IM KREIS

Es gibt eine ganze Menge Täuschungen, bei denen das Bild nicht nur zu schwanken, sondern sich zu drehen scheint. Es sind Bewegungsillusionen, genau wie auf Seite 16 und 17, aber durch Schattierung, Farbe und Form entsteht hier der Eindruck einer gewellten oder runden Bewegung. Auch sie hängen damit zusammen, dass sich unsere Augen über das Bild bewegen. Es hat aber auch mit der Menge an Licht zu tun, die die verschiedenen Farbbereiche abgeben. Dies nennt man Leuchtdichte.

Der Meister moderner Bewegungsillusionen ist der japanische Psychologe Professor Akiyoshi Kitaoka. Nachdem er zunächst untersuchte, wie Ratten graben und wie Makaken denken, wandte sich Professor Kitaoka dem menschlichen Sehen zu. Dabei entstand eine Reihe sehr cooler Illusionen, durch die die hier gezeigten Täuschungen inspiriert wurden.

Wenn der Effekt nachlässt, kannst du ihn wieder anfeuern, indem du die Augen schnell über das Bild gleiten lässt.

ROTIERENDE SCHLANGEN

Eine von Akiyoshi Kitaokas berühmtesten Illusionen, die von vielen Künstlern kopiert wurde, wurde 2003 enthüllt. Sie zeigt ineinandergreifende Räder oder aufgerollte Schlangen in Blau und Gelb, so wie im Bild links gezeigt. Betrachtet man das gesamte Bild und nicht nur einen einzelnen Punkt darauf, scheinen die Räder (oder Schlangen) sich zu drehen.

RUNDHERUM

Diese Täuschung geht auf ein Bild des israelischen Malers Isia Leviant zurück, das er 1981 schuf und das die Menschen bis heute verblüfft. Schaut man lange genug in die Mitte des Bildes, beginnen die schwarzen Kreise zu flimmern. Danach scheint sich ein Licht um die Kreise herumzubewegen.

DREHENDE WALZEN

Bei dieser erstaunlichen Täuschung finden sich auf dem Blatt eigentlich nur viele blaue Ovale und Kreise, aber unser Gehirn nimmt sie nicht nur als drei Walzen oder Röhren wahr, sondern gaukelt uns auch vor, dass die Walzen sich drehen.

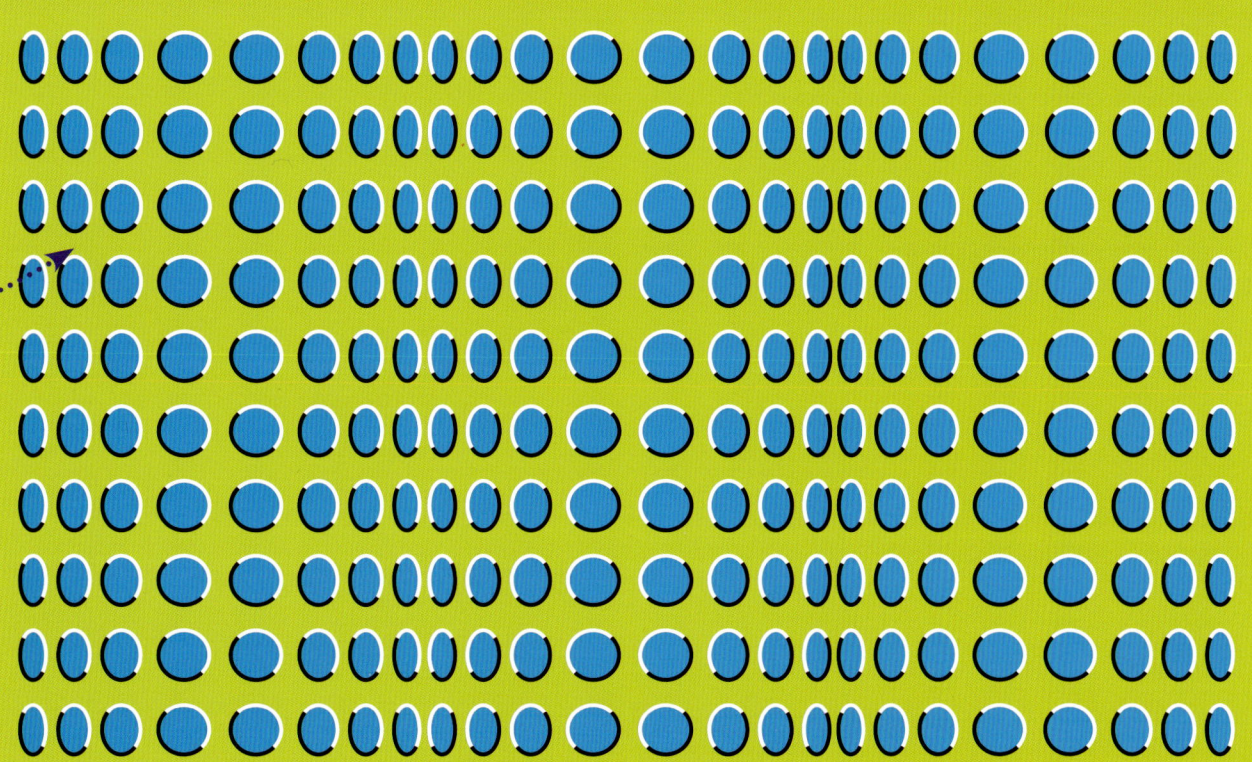

BLINDER FLECK

Schockierende Neuigkeiten! Unsere Netzhaut ist nicht der alles erfassende Supersensor, für den wir sie gehalten haben. Es gibt sogar eine Stelle auf ihr, die überhaupt nichts sieht! Dort, wo der Sehnerv aus dem Auge tritt, befindet sich eine Lücke in der Netzhaut. Es gibt dort nur Nervenfasern, keine Fotorezeptoren (Stäbchen und Zapfen). Diese Stelle heißt Blinder Fleck. Im Alltag nehmen wir ihn gar nicht wahr, aber einige lustige Täuschungen machen sich genau diese kleine blinde Stelle im Auge zunutze.

Entdeckt wurde der Blinde Fleck vom französischen Physiker Edme Mariotte bereits 1660, als er ein menschliches Auge sezierte. Fasziniert experimentierte Mariotte mit seinem eigenen Gesichtsfeld und entdeckte, dass alle Menschen in jedem Auge einen rund 1 mm großen Blinden Fleck haben. Bis dahin glaubte man, dass der Bereich der Netzhaut nahe dem Sehnerv der lichtempfindlichste sein müsste.

Aber nicht nur Menschen haben einen Blinden Fleck, sondern praktisch alle Lebewesen — außer die Kopffüßler. Bei Kraken, Kalmaren und Sepien sitzt der Sehnerv hinter der Netzhaut, sodass sie keinen Blinden Fleck haben — Glück gehabt!

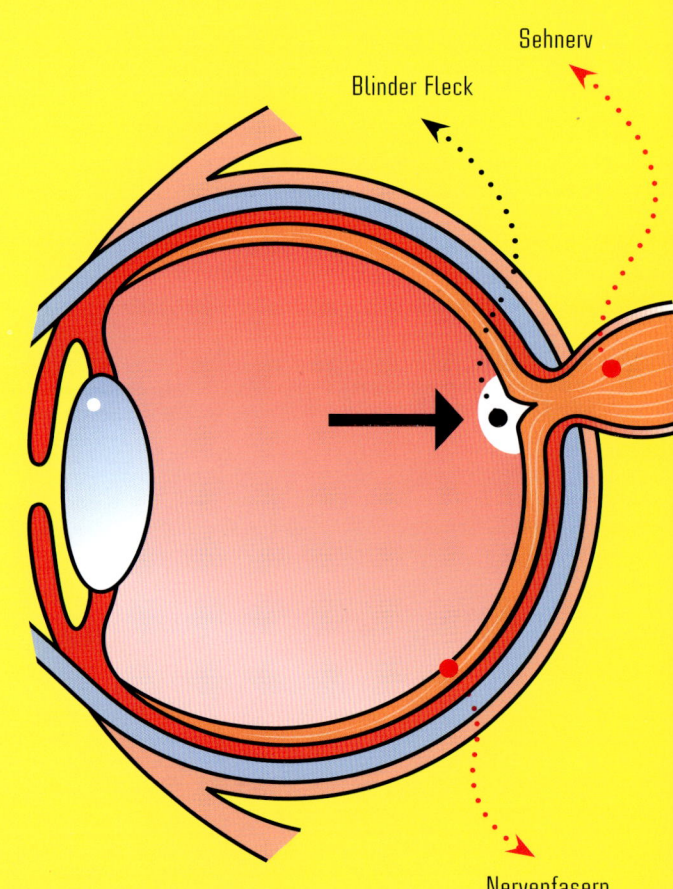

Sehnerv

Blinder Fleck

Nervenfasern

KEIN SINN

Dieses Bild des Auges zeigt den Sehnerv und den Verlauf der Nervenfasern vor der Netzhaut. Sie sind fast durchsichtig, aber das Licht muss dennoch durch sie hindurchdringen, um die Netzhaut zu erreichen. Der Blinde Fleck liegt dort, wo der Sehnerv austritt.

1 2 3 4 5 6 7 8 9

FINDE DEINEN BLINDEN FLECK

Mit diesen beiden Bildern kannst du deinen Blinden Fleck finden. Schließe jeweils dein rechtes Auge, halte den Kopf still und betrachte mit dem linken Auge die Zahlen. Beginne mit der 1 und lies weiter nach rechts. Im Bild oben siehst du die Blume, bis du zur 4 kommst. Keine Angst, sie taucht unge-fähr wieder auf, wenn du die 7 erreichst, da sie dann den Blinden Fleck passiert hat. Im Bild unten passiert zwischen der 4 und der 7 etwas ganz ähn-liches. Hier verschwindet vorübergehend die weiße Lücke zwischen den lila Balken, sodass der Balken durchgehend erscheint.

1 2 3 4 5 6 7 8 9

LASS DEN ELEFANTEN VERSCHWINDEN

Einen Elefanten verschwinden lassen? Wie das? Ganz einfach! Halte das Buch etwa in Armlänge vor dich, schließe das linke Auge und konzentriere dich mit dem rechten auf den Zauberer links. Führe das Buch jetzt langsam an dein Gesicht heran. Abrakadabra, bei einem bestimmten Abstand verschwindet der Elefant kurz! Das ist Zauberei – oder um ehrlich zu sein, dein Blinder Fleck.

ZWEI
SIND
BESSER
ALS EINS

Bisher haben wir die Augen fast immer einzeln betrachtet. Jetzt wollen wir uns ansehen, wie sie gemeinsam funktionieren. Unsere Augen liegen an der Vorderseite des Kopfes, damit wir gut nach vorne und zu den Seiten sehen können. Einige Lebewesen, wie etwa Vögel, Pferde und Echsen, haben eine fast vollständige Rundumsicht, da ihre Augen an den Kopfseiten liegen. Dafür überlappen sich die Sehfelder ihrer Augen weniger.

Unsere Augen liegen etwa 5 cm auseinander. Dieser kleine Abstand ist von immenser Bedeutung, denn durch ihn haben die Augen eine leicht unterschiedliche Sicht der Welt. Nur durch diesen kleinen Abstand ist unser Gehirn in der Lage, Räume und Abstände zu berechnen, indem es die Winkel zu Objekten, die jedes Auge erfasst, miteinander vergleicht. Du glaubst nicht, dass zwei Augen besser sind als eines? Dann versuch mal, mit einem geschlossenen Auge einen Ball zu fangen!

GESICHTSFELD

Als „Gesichtsfeld" bezeichnet man den Ausschnitt der Welt, den wir zu einem bestimmten Augenblick sehen. Aufgrund der Position unserer Augen im Kopf bietet sich uns ein weites Gesichtsfeld nach vorne. In großen Teilen überschneiden sich dabei die Bereiche, die unsere Augen erfassen, sodass wir über ein weites binokulares (mit beiden Augen erfasstes) Gesichtsfeld verfügen, mit dem wir Entfernungen recht gut einschätzen können. Den rechten und linken Rand unseres Gesichtsfelds erfassen wir mit nur je einem Auge (monokular). Daher können wir dort Entfernungen weniger gut einschätzen.

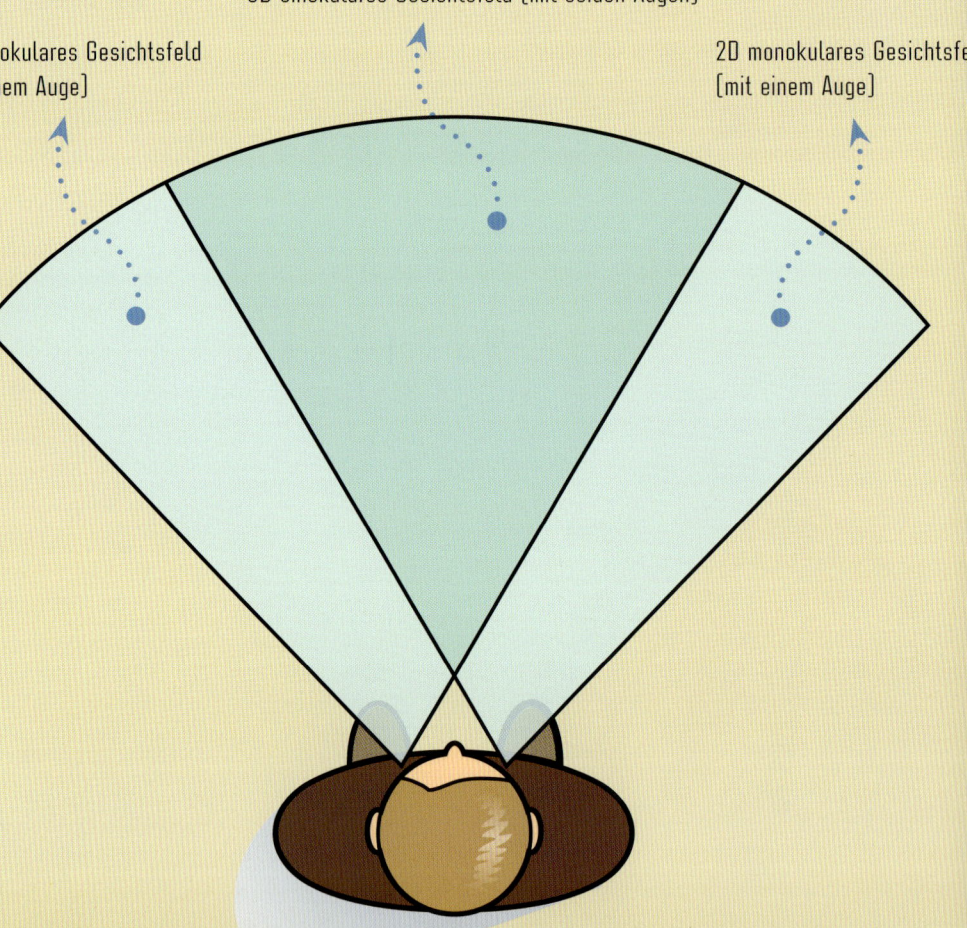

3D binokulares Gesichtsfeld (mit beiden Augen)

2D monokulares Gesichtsfeld (mit einem Auge)

2D monokulares Gesichtsfe[ld] (mit einem Auge)

DAS LOCH IN DER HAND!

Unsere Augen liefern jeweils etwas andere Bilder, die unser Gehirn dann zu einem Bild kombiniert. Mit diesem lustigen Experiment lässt sich das gut demonstrieren.

Halte mit der rechten Hand eine lange Pappröhre vor dein rechtes Auge und schaue durch die Röhre auf eine helle Oberfläche, z. B. eine weiße oder helle Wand. Halte dann die Handfläche deiner linken Hand seitlich an die Röhre vor dein linkes Auge, während du mit dem rechten durch die Röhre schaust. Was siehst du?

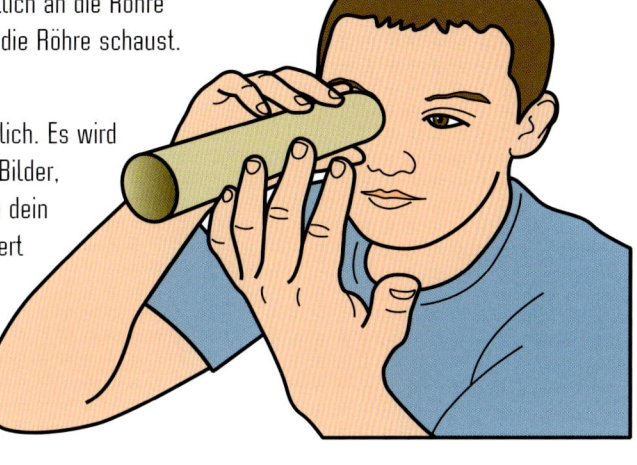

Keine Angst! Das Loch in deiner Hand existiert nicht wirklich. Es wird nur von deinem Gehirn erzeugt, das versucht, die beiden Bilder, die deine Augen liefern, zu einem Bild zu kombinieren. Da dein rechtes Auge vor allem die dunkle Röhre sieht, konzentriert sich das Gehirn auf den kleinen hellen Kreis und kombiniert dieses Bild mit dem deiner linken Hand, das das linke Auge sendet. Wer es spannender mag, bittet einen Freund, mit einer Fingerspitze im Ende der Röhre zu wackeln — gruselig!

Linkes Auge   Rechtes Auge

PARALLAXE

Parallaxe nennt man den Unterschied der scheinbaren Position eines Gegenstands, wenn man ihn aus zwei verschiedenen Blickwinkeln betrachtet, wie mit dem linken und dem rechten Auge. Das Gehirn nutzt die Parallaxenverschiebung zur Messung von Entfernungen — je kleiner die Verschiebung, desto weiter die Entfernung. Du kannst die Parallaxenverschiebung leicht austesten: Betrachte ein Objekt, wie einen entfernten Baum, mit einem Auge und verdecke ihn mit dem Daumen. Wenn du dann dieses Auge schließt und das andere öffnest, hat dein Daumen scheinbar eine andere Position.

NACH-BILDER

Nachbilder sind Phantombilder, die wir weiterhin sehen, obwohl wir das eigentliche Bild nicht mehr sehen. Sie werden von den lichtempfindlichen Zellen in der Netzhaut und den Neuronen (Nervenzellen) erzeugt. Diese ermüden, wenn sie längere Zeit dasselbe Bild ansehen. Die Neuronen benötigen Zeit, sich zu erholen, um für neue Bilder bereit zu sein. In dieser Zeit sehen wir Nachbilder. Dabei können ziemlich beeindruckende Effekte entstehen.

Eigentlich sehen wir alltäglich Nachbilder, nur merken wir das meist nicht. Wenn die hellen Scheinwerfer eines Autos uns irritieren und wir wegsehen, sehen wir statt der zwei hellen Punkte das genaue Gegenteil — zwei dunkle Punkte. Einige farbige Nachbilder entstehen, weil Nervenzellen immer Farbpaare verarbeiten, wie etwa Rot und Grün oder Blau und Gelb. Man nennt sie auch Gegenfarben. Betrachten wir längere Zeit eine Farbe und schauen dann weg, werden die Nervenzellen für die andere Farbe empfindlicher. Wenn du also die grünen Streifen der Flagge unten länger betrachtest, siehst du wahrscheinlich rote Streifen, sobald du den Blick abwendest.

STERNE UND STREIFEN

Lege ein weißes Blatt Papier neben das Buch und konzentriere dich dann 45 Sekunden lang auf den weißen Punkt in der Mitte der seltsam eingefärbten amerikanischen Flagge. Wenn du anschließend auf das weiße Blatt schaust, solltest du die Flagge in ihren richtigen Farben sehen.

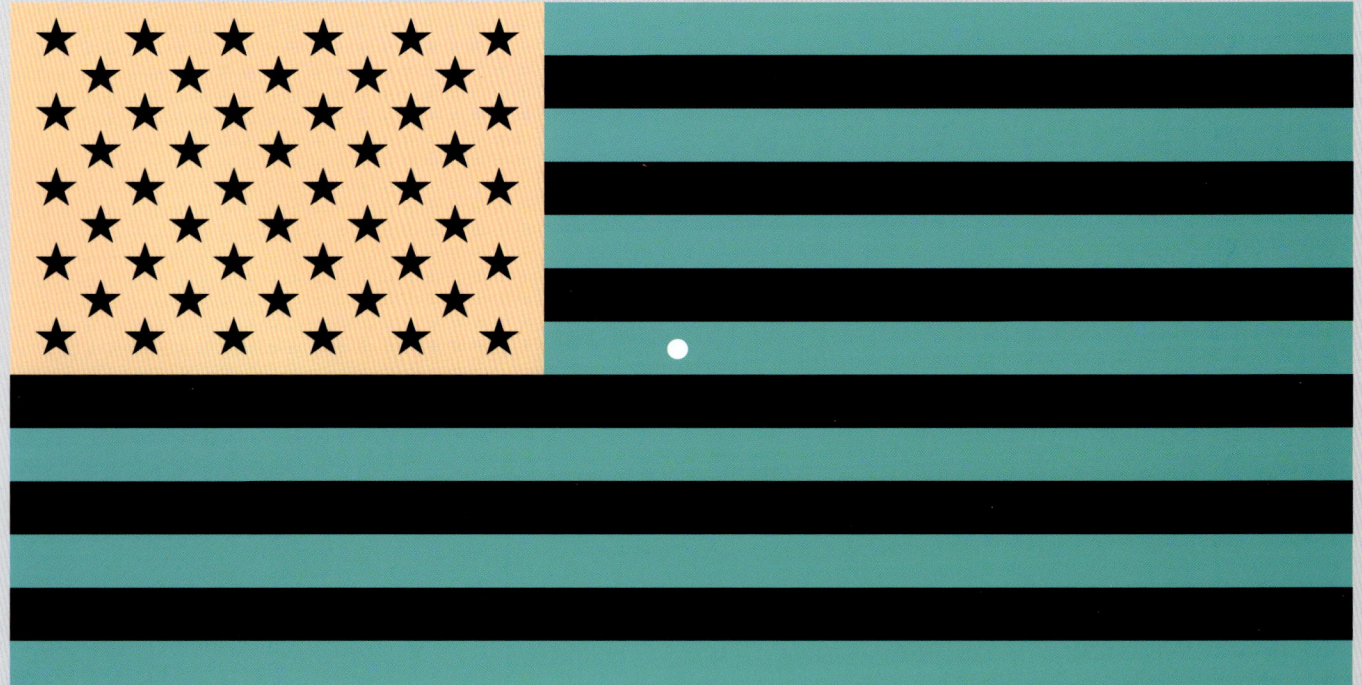

WAHRE FARBEN

Konzentriere dich 45 Sekunden auf den Punkt in der Mitte dieses eigentümlich gefärbten Bildes des Monument Valley in den USA (oberes Bild). Schau dann schnell auf die Schwarz-Weiß-Version darunter und achte darauf, was passiert. Du solltest das Bild in seinen richtigen Farben sehen, mit rötlichorangen Felsen und einem blauen Himmel. Wenn du dann zur Seite schaust, wird das Bild sofort wieder schwarz-weiß.

SCHWEBENDER SCHÄDEL

Konzentriere dich 30 Sekunden lang auf das Kreuzchen in der rechten Augenhöhle des Schädels und schau dann auf eine helle Fläche. Du solltest einen schwebenden Schädel vor Augen haben – herrlich gruselig!

25

GRAU-TÖNE

Grau als Farbe klingt eher langweilig, aber optische Täuschungen in verschiedenen Grautönen sind durchaus überraschend. Einige, wie etwa das Hermann-Gitter (rechts), entstehen durch das Phänomen der lateralen Hemmung. Wenn einige der Neuronen, die mit der Netzhaut verbunden sind, Signale senden, dass sie ein Bild sehen, hindern sie ihre Nachbarneuronen daran, ebenfalls Signale zu senden. Das tun sie, damit das Gehirn und der gesamte Sehapparat die Ränder von Objekten erfassen können. Es ist aber auch ein Filter, der die Menge der Informationen ans Gehirn ein wenig bremst, damit es nicht überlastet wird.

Bei den optischen Täuschungen unten sorgt die laterale Hemmung dafür, dass Felder mit exakt demselben Grauton je nach ihrer Umgebung einmal heller und einmal dunkler erscheinen. Aufgrund der stärkeren Hemmung durch die Nachbarneuronen erscheinen sie umso dunkler, je heller die Umgebung.

Fang den Punkt!

HELLER ODER DUNKLER?

Schau dir die kleinen Quadrate auf dem großen Rechteck an. Welches von ihnen ist heller? Das rechte Quadrat scheint heller zu sein. Tatsächlich aber haben beide Quadrate exakt denselben Grauton. Unsere Wahrnehmung wird von der helleren bzw. dunkleren Umgebung getäuscht.

MACHSCHE STREIFEN

Sind die einzelnen Streifen jeweils durchgehend grau? Es sieht zumindest nicht so aus, aber stimmt das? Doch! Die laterale Hemmung führt dazu, dass die linken Kanten der Streifen – die an eine dunklere Fläche grenzen – heller wirken, und die Kanten, die an hellere Flächen grenzen, dunkler.

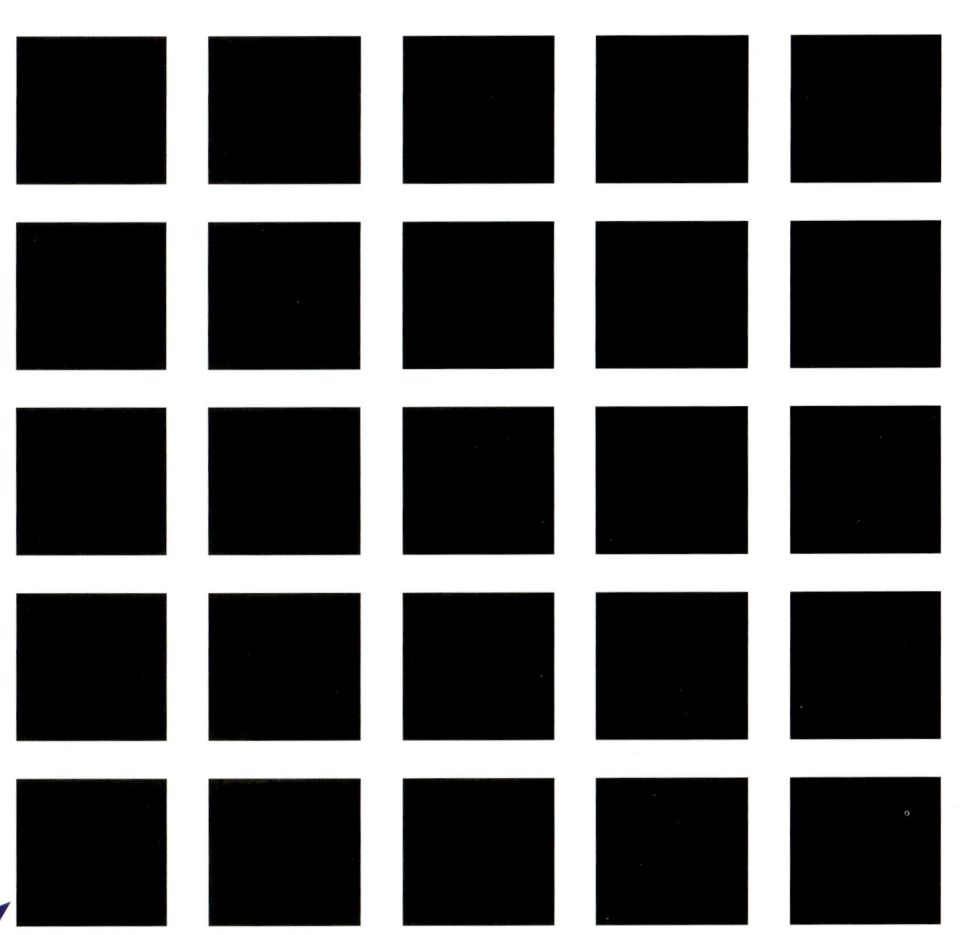

HERMANN-GITTER

Diese berühmte Täuschung aus dem Jahr 1870 wurde nach ihrem Schöpfer, dem deutschen Wissenschaftler Ludimar Hermann, benannt. Wenn du dir das Gitter ansiehst, tauchen an den Schnittpunkten der weißen Linien gespenstische graue Punkte auf. Die Täuschung funktioniert am besten zu den Rändern hin, denn die laterale Hemmung ist im Bereich des peripheren Sehens stärker als in der Mitte. Wenn du dich auf einen Schnittpunkt konzentrierst, verschwindet dort der graue Punkt.

LAUTER PUNKTE

Bei dieser Abwandlung des Hermann-Gitters sitzen an den Schnittstellen der grauen Linien weiße Punkte. Wenn du erst auf den Rand des Gitters schaust und den Blick dann in die Mitte wandern lässt, tauchen in den weißen Punkten willkürlich schwarze Punkte auf.

LICHT & SCHATTEN

Dass wir Farben in verschiedenen Schattierungen von hell bis dunkel wahrnehmen können, ist eine gute Überlebenshilfe. Es hilft uns dabei, Objekte auch vor diffusen Hintergründen auszumachen, die in Schwarz-Weiß so gut wie nicht erkennbar wären. Dem frühen Menschen half das Farbsehen dabei, farbige Früchte und Beeren als Nahrung zu erkennen und giftige Schlangen als Gefahr einzuordnen. In bestimmten Situationen fällt es unserem Gehirn jedoch schwer, einzelne Farbtöne von hell bis dunkel richtig zu erkennen.

Obwohl die Zapfen der Netzhaut Farben registrieren, verarbeitet unser Gehirn sie manchmal unterschiedlich, je nachdem, was sonst noch im Bild zu sehen ist. Eine Farbe erscheint beispielsweise heller, als sie wirklich ist, wenn sie vor einem dunklen Hintergrund steht. Und wenn Gegenstände einen Schatten werfen, kommt unsere Wahrnehmung völlig durcheinander. Die beiden Täuschungen gegenüber sind Beispiele dafür.

Haben die kleinen violetten Quadrate dieselbe Farbe oder nicht?

HELLER UND KRÄFTIGER

Schaue dir die beiden orangefarbenen Quadrate hier oben an. Welches von ihnen hat den helleren Farbton? Wahrscheinlich denkst du, das linke vor dem roten Hintergrund sei heller, tatsächlich haben sie aber beide exakt denselben Farbton. Das gleiche gilt für die violetten Quadrate darüber. Vor einem dunkleren Hintergrund können Farben intensiver und heller erscheinen. Das Phänomen heißt auch simultaner Helligkeitskontrast.

LOTTOWÜRFEL

R. Beau Lotto ist Neurologe. Er hat das Lotto Lab gegründet, um zu erforschen, wie unser Gehirn Dinge wahrnimmt. Dieses erstaunliche Bild aus dem Lotto Lab zeigt einen Würfel, dessen weiße und graue Kanten unserem Gehirn vorgaukeln, dass die beiden Seiten des Würfels andere Farben haben. Die weiße liegt im Schatten. Tatsächlich aber sind beide Seiten identisch grau.

ADELSONS SCHACHBRETT

Edward H. Adelson ersann diese berühmte Täuschung 1995. Welches der beiden beschrifteten Quadrate ist dunkler, A oder B? Wir alle antworten A, aber damit liegen wir völlig FALSCH – so erstaunlich das klingen mag! Die beiden Quadrate haben exakt denselben Farbton. Sieh noch einmal genau hin. Auch wenn man es weiß, scheint es nicht zu stimmen. Den Beweis findest du aber auf Seite 63.

FARB- ILLUSIONEN

Wie wir bereits gesehen haben, liegt unser Gehirn bei der Beurteilung von Farbschattierungen nicht immer richtig. Das liegt auch daran, dass wir Farben nicht isoliert sehen, sondern im Zusammenhang mit den Farben ihrer Umgebung. Manchmal beeinflussen sie, welche Farbe das Gehirn zu sehen meint.

Sieh dir die beiden mit einem Pfeil markierten Quadrate unten auf der Seite an und sage, welche Farbe sie haben. Das Quadrat im linken Bild rechts unten ist grünlich blau und das im rechten Bild oben violett — oder doch nicht?

In Wirklichkeit haben die beiden Quadrate genau dieselbe Farbe — nämlich Grau. Der Farbeindruck entsteht dadurch, dass unser Gehirn sich durch die Farben der Umgebung beeinflussen lässt und so mutmaßt, welche Farbe es sieht. Andere Täuschungen, wie das rote Kreuz oben rechts oder die Munker-White-Illusion rechts unten, nutzen ebenfalls die Umgebungsfarben, um das Gehirn zu täuschen.

GURNEYILLUSION

Diese verblüffende Täuschung stammt vom in den USA lebenden Künstler James Gurney. Sieh dir die beiden mit Pfeilen markierten Quadrate genau an. Dann decke den Rest der Bilder einmal mit Haftnotizen oder Papier so ab, dass du nur noch die beiden Quadrate siehst. Welche Farbe haben sie nun?

FARBIGES KREUZ

Dieses X scheint aus roten und rosafarbenen Quadraten zu bestehen. Tatsächlich aber haben die kleinen Quadrate, aus denen es besteht, alle dieselbe Farbe. Nur wirken die Quadrate neben den grünen Quadraten rot und die neben den weißen Quadraten rosa.

Dieses Kreuz besteht aus roten und rosafarbenen Quadraten – oder etwa nicht?

MUNKER-WHITE-ILLUSION

Ob du es glaubst oder nicht, die Quadrate oben haben exakt denselben Rotton und die beiden unteren haben denselben Grünton. Nur verleiten die gelben Streifen, die die beiden linken Quadrate umgeben und kreuzen, unser Gehirn dazu, sie heller wahrzunehmen, als sie in Wahrheit sind.

IST DAS WAHR?

Unser Gehirn ist praktisch im Dauereinsatz. Es muss unendlich viele verschiedene Informationen unserer Sinne verarbeiten, die jede Minute Millionen von Signalen senden. Um diese Informationsflut zu bewältigen, nutzt unser Gehirn unsere Erinnerungen und Erfahrungen und stellt Vergleiche an. Bisher weiß die Wissenschaft noch nicht genau, wie es das tut, aber man weiß, dass es dabei auch schon einmal falsch liegen und Dinge verwechseln kann.

Die drei Abbildungen auf dieser Seite zeigen solche Fehleinschätzungen unseres Gehirns. Die Zwei-Tische-Illusion wurde von Roger N. Shepard, einem Professor für Psychologie an der Stanford University, USA, in den 1990er-Jahren entwickelt. Die Jastrow-Illusion ist 100 Jahre älter. Beide zeigen, dass das Gehirn sich beim Vergleich der Größen verschätzt.

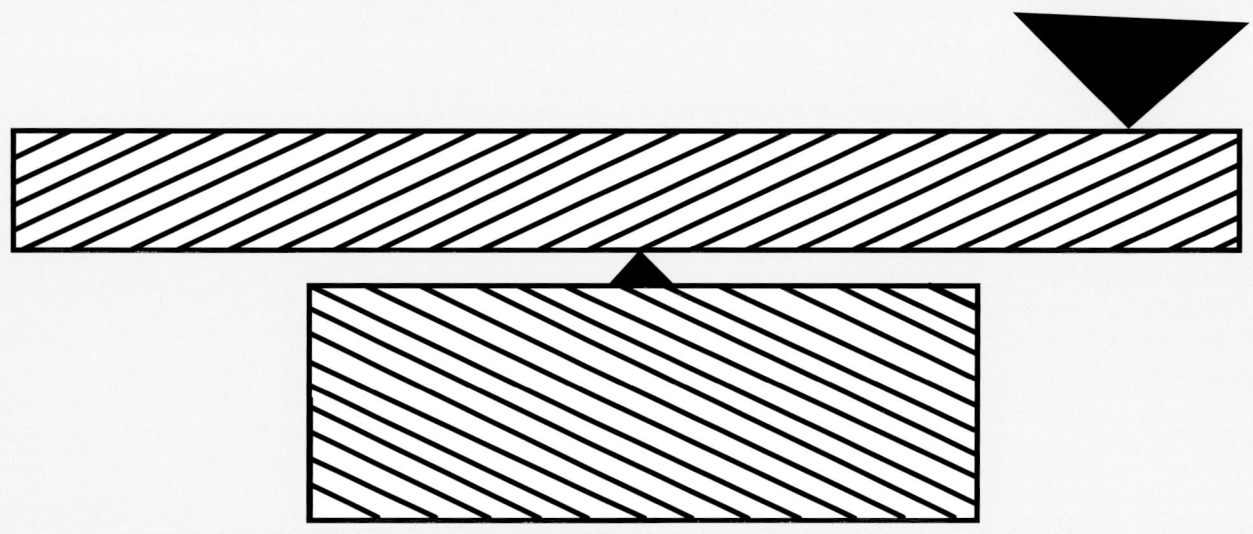

ALLES IM GLEICHGEWICHT?

Diese schraffierte Wippe wird auf der rechten Seite von dem dreieckigen Gewicht nach unten gedrückt – oder etwa nicht? Falsch! Die Wippe ist im Gleichgewicht, absolut gerade. Die Täuschung basiert einmal auf der schräg verlaufenden Schraffierung und zum anderen darauf, dass das Gehirn annimmt, dass das Gewicht auf der einen Seite der Wippe sie herunterdrücken muss.

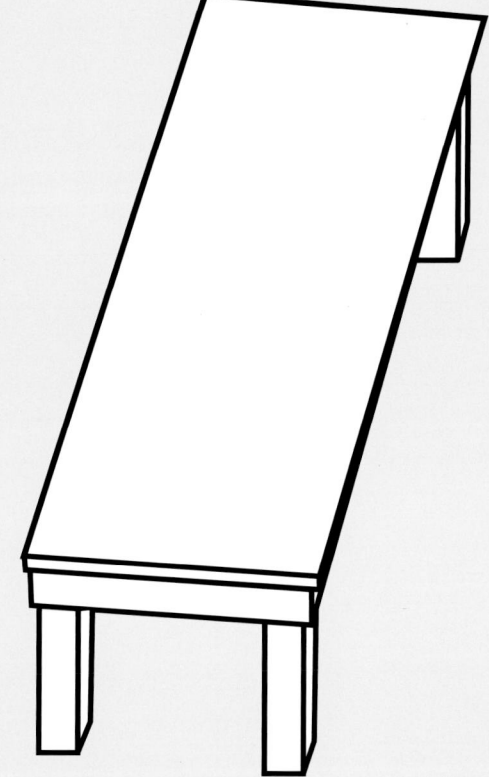

ZWEI-TISCHE-ILLUSION

Welcher Tisch ist länger? Die Antwort scheint auf der Hand zu liegen, tatsächlich ist die Antwort aber gar nicht so eindeutig. Unser Gehirn nimmt den linken Tisch als nach hinten gestreckt wahr und hält ihn daher für länger. Du kannst gerne nachmessen – sie sind exakt gleich lang.

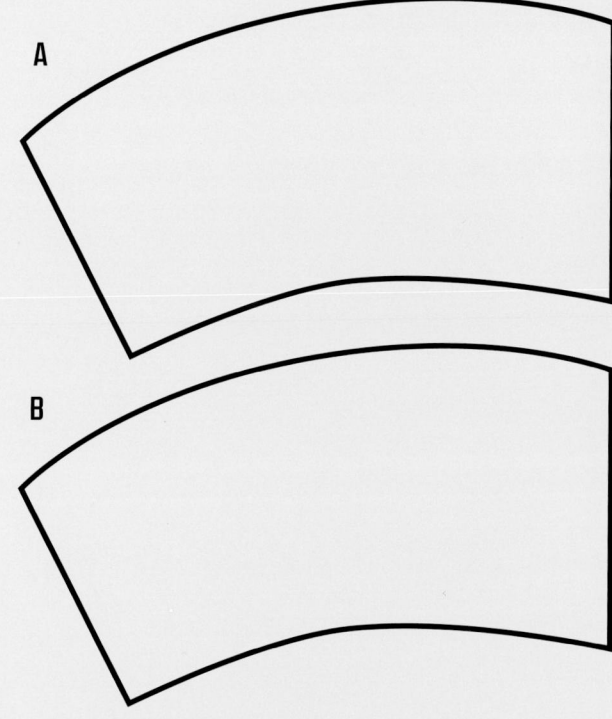

A

B

JASTROW-ILLUSION

Ist Form B länger als Form A? Du hast 5 Sekunden, um dich zu entscheiden. Jetzt aber! Wahrscheinlich sagst du Ja – die richtige Antwort ist aber Nein. Die Formen sind gleich groß. Decke Form A mit einem Stück Papier ab. Wenn du nun mit einem Faden die Länge der oberen und unteren Kante von Form B misst, stellst du fest, dass die obere Kante länger ist. Dein Gehirn vergleicht nun die beiden Formen, indem es die beiden am nächsten liegenden Kanten vergleicht – also die kürzere Unterkante von Form A mit der längeren Oberkante von Form B.

33

GROSSE ÜBERRASCHUNG

Unser Sehapparat ist mit den Aufgaben, die er unablässig zu bewältigen hat, ganz schön beschäftigt. Dazu gehört auch, die Größe von Dingen zu berechnen, die wir sehen. Man könnte meinen, das wäre ganz einfach: Je größer etwas auf der Netzhaut erscheint, desto größer ist es auch. Entscheidend ist aber, wie weit etwas entfernt ist: Schließlich reicht eine einzelne Bohne, die man dicht vors Auge hält, aus, um einen 70 m langen Jumbojet komplett zu verdecken.

Der menschliche Sehapparat bewertet die Größe eines Objekts, indem er das Objekt selbst, seine Entfernung, andere Objekte in seiner Umgebung und all jenes in Betracht zieht, was unser Gehirn möglicherweise schon über ein solches Objekt gespeichert hat. So vergleichen Augen und Gehirn die Größen von Objekten, die sie sehen. Aber dieser Größenabgleich kann durch andere Objekte im Bild und deren Nähe zum Betrachter beeinflusst und verfälscht werden.

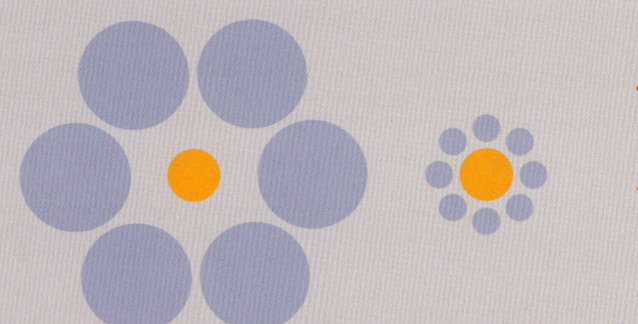

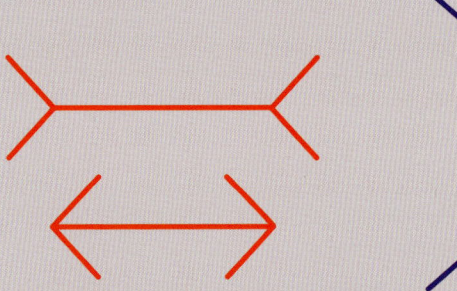

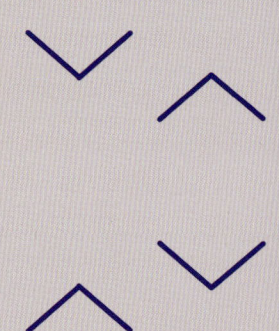

EBBINGHAUS-TÄUSCHUNG

Sieh dir die beiden Muster aus blauen und orangefarbenen Kreisen einmal schnell an. Welcher orangefarbene Kreis ist größer? Der Kreis rechts. Sicher? Nein! Sie sind beide gleich groß. Dies nennt man die Ebbinghaus-Täuschung. Sie zeigt, wie sehr sich unser Gespür für Größe von der Umgebung des Objekts beeinflussen lässt.

MÜLLER-LYER-TÄUSCHUNG

Schau dir die roten Linien mit den Pfeilen an. Welche Linie ist länger, die obere oder die untere? Wahrscheinlich sagst du, die obere. Dabei sind die beiden Linien exakt gleich lang. Die nach außen zeigenden Pfeile lassen unser Gehirn aber denken, diese Linie sei länger. Dies nennt man die Müller-Lyer-Täuschung. Wie du rechts an den blauen Pfeilen sehen kannst, funktioniert sie sogar, wenn man die Linien weglässt. Auf den ersten Blick wirkt es, als sei zwischen den linken blauen Pfeilen mehr Platz. Wenn du aber nachmisst, wirst du sehen, dass der Abstand genau gleich groß ist.

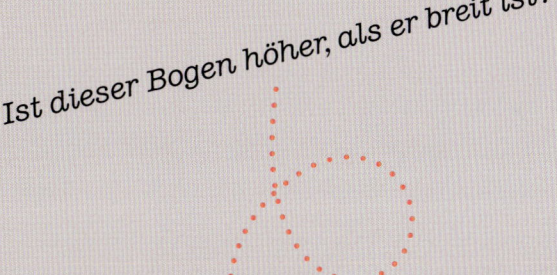

Ist dieser Bogen höher, als er breit ist?

ZYLINDERTRICK

Dieser Herr sieht mit seinem Zylinder sehr elegant aus. Aber beantworte doch diese Frage: Ist sein Zylinder höher, als er breit ist? Die meisten Menschen antworten mit „Ja", die überraschende Wahrheit ist aber, dass er genauso breit ist wie hoch. Unser Gehirn überschätzt ganz einfach die Höhe der senkrechten Linien, wenn sie mit waagerechten Linien kombiniert sind, wodurch diese kürzer wirken, als sie sind. Das Phänomen ist aber noch nicht ganz erforscht.

GATEWAY ARCH ST. LOUIS

Der von Eero Saarinen entworfene Gateway Arch in St. Louis, USA, ist ein riesiger Bogen am Ufer des Mississippi. Er wirkt von Weitem viel höher als breit, nicht wahr? Tatsächlich ist er aber 192 m breit und 192 m hoch – eine moderne Umsetzung der Zylindertäuschung.

EINE FRAGE DER PERSPEKTIVE

Unser Sehapparat muss eine dreidimensionale Welt erfassen und bedient sich zur Einschätzung von Entfernungen und Größen bestimmter Hinweise und Regeln. Sehen wir zum Beispiel zwei Gegenstände, die unser Gehirn für gleich hält, geht unser Sehapparat davon aus, dass uns der größere Gegenstand näher ist.

PONZO-TÄUSCHUNG

Schau dir die beiden roten Balken an, die über den Schienen liegen. Welcher ist länger? Die korrekte Antwort lautet: Keiner, sie sind beide gleich lang. Doch das Wissen unseres Gehirns über Perspektive und die sich verjüngenden Bahnschienen lassen den hinteren Balken entfernter und größer erscheinen. Man nennt dies die Ponzo-Täuschung.

„Linear" bedeutet „in gerader Linie". Von Linearperspektive spricht man, wenn zwei Linien aufeinander zuzukommen scheinen, während sie in die Ferne laufen. Diese Linien etwa sehen so aus, als würden sie an einem Punkt, dem sogenannten Fluchtpunkt, am Horizont aufeinandertreffen. Gibt es nun zwei Objekte und eines von ihnen liegt dem Fluchtpunkt viel näher als das andere, nimmt unser Sehapparat an, dieses Objekt wäre weiter entfernt.

Vor vielen Jahrhunderten kannten Maler die Regeln der Perspektive noch nicht. So erschienen viele Bilder flach und ohne Tiefe zu sein. Die Linearperspektive erlaubt Künstlern und Designern, Gegenstände auf einem zweidimensionalen Medium, wie Papier, zu erschaffen, die dann dreidimensional wirken. Sie sorgt aber auch für ein paar raffinierte Täuschungen, die unsere Größeneinschätzung überlisten.

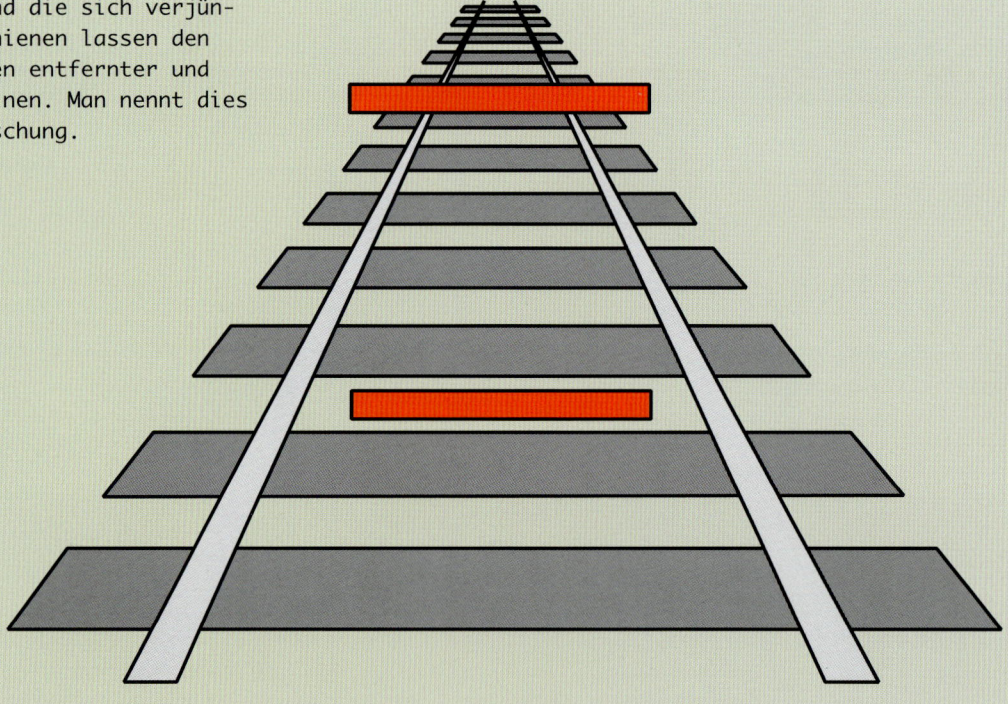

TUNNELBLICK

Auf diesem Bild von Professor Roger N. Shepard siehst du
ein größeres Monster, das ein
kleineres jagt. Es gibt nur ein
Problem: Die beiden Monster
sind gleich groß! Dies ist eine
Variante der Ponzo-Täuschung,
die statt der Bahnschienen
einen Tunnel zur Erzeugung von
Tiefe nutzt. Das hintere Monster erscheint größer, da es dem
Fluchtpunkt viel näher ist.

KISTENSCHIEBER

Inzwischen errätst du wahrscheinlich, dass diese beiden
Kisten – genau wie die roten
Balken auf den Schienen und
die beiden Monster – gleich
groß sind. Auf den ersten
Blick sehen sie aber unterschiedlich aus. Das hintere
Rechteck am Horizont scheint
für unser Gehirn weit entfernt, sodass es beschließt,
dass es viel größer sein muss.

37

GERADE LINIEN

Wann ist eine gerade Linie nicht gerade? Ganz einfach: Wenn unser Gehirn meint, sie sei nicht gerade! Es gibt einige optische Täuschungen, die unser Gehirn zu der Annahme verleiten, Linien oder geometrische Formen seien nicht so, wie sie sein sollten. Sie nutzen Farben, Formen oder Muster, um uns aufs optische Glatteis zu führen. Ganz schön gerissen!

Wenn unser Gehirn beurteilen will, ob eine Linie oder ein Winkel gerade ist oder ob zwei Linien in einem Bild parallel verlaufen, lässt es sich durch andere Bereiche des Bildes beeinflussen. Beim Versuch, aus den vielen Informationen, die unsere Augen ihm liefern, ein stimmiges Bild zu machen, lässt es sich leicht vom Hintergrund, anderen Objekten im Bild oder seinem Wissen über Perspektive aufs Glatteis führen.

HERING-TÄUSCHUNG

Schau dir einmal die roten Linien oben im Bild an. Sie scheinen gebogen. Wenn du mit dem Lineal nachmisst, wirst du feststellen, dass sie gar nicht in der Mitte ausbeulen, sondern gerade und parallel verlaufen. Die strahlenförmig verlaufenden schwarzen Linien, die sich im Fluchtpunkt in der Mitte treffen, täuschen unser Gehirn.

Diese roten Linien sind nicht so gebogen, wie man denkt ...

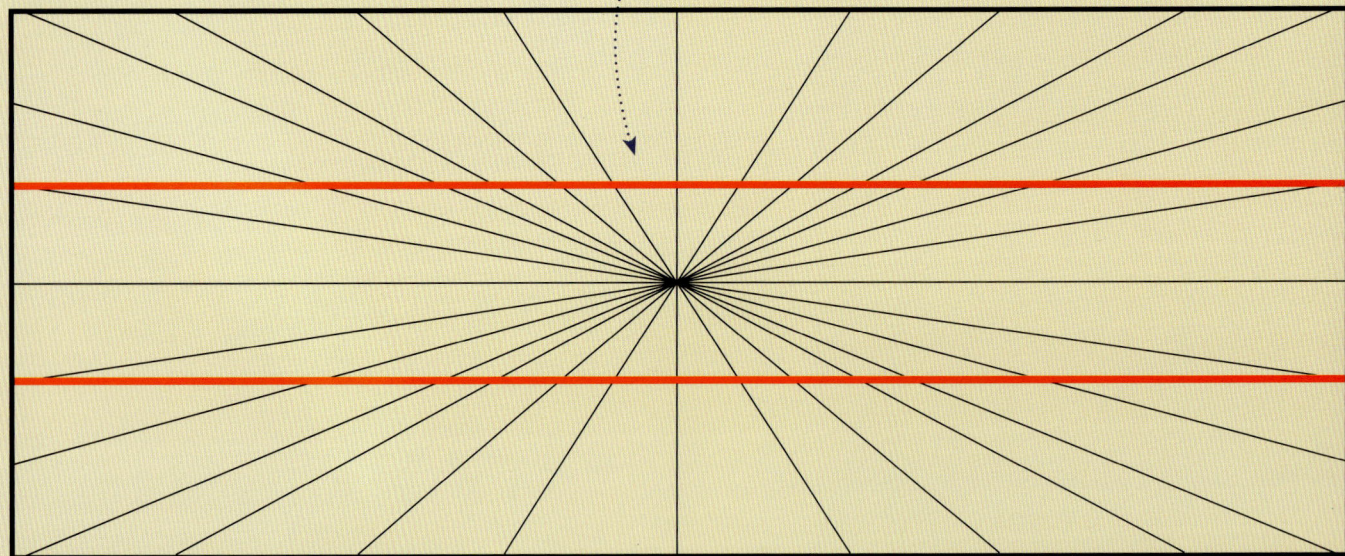

ORBISON-ILLUSION

Diese Täuschung heißt Orbison-Illusion und zeigt Quadrate auf einem Hintergrund aus konzentrischen (ineinander liegenden) Kreisen. Die Kreise lassen die Seiten der Quadrate, die auf ihnen liegen, nach innen gebogen erscheinen, während die anderen nach außen gebogen zu sein scheinen.

KAFFEE-HAUS-TÄUSCHUNG

Diese berühmte optische Täuschung ist nach einer gekachelten Wand eines Kaffeehauses in Bristol, England, benannt. Sie wurde von Steve Simpson entdeckt und von dem Psychologen Richard Gregory in den 1970er-Jahren erforscht. Die Kachelstreifen erscheinen zwar krumm und schief, sind aber tatsächlich völlig gerade und parallel.

ZIMMER MIT AUSSICHT

Unser Gedächtnis speichert unsere erlebten Erfahrungen und unser Gehirn nutzt diese, um Gegenstände zu erkennen. Gleichzeitig nutzt es Informationen der Umgebung, um die Größe und Distanz zu einem Objekt einzuschätzen. Wenn diese Informationen verwirrend oder mutwillig verzerrt sind, entstehen spannende Illusionen, wie diese beiden Bilder zeigen. Beide spielen mit den Winkeln und der Perspektive von etwas uns sehr vertrautem — einem Raum.

Der Ames-Raum (gegenüberliegende Seite) wurde 1934 von Adelbert Ames jr., einem amerikanischen Optiker und Psychologen, erdacht. Blickt man durch ein Loch in der Wand in den Ames-Raum, nimmt unser Gehirn einen normalen, rechteckigen Raum wahr. In ihm steht in den beiden hinteren Ecken jeweils eine Person. Beide scheinen in der gleichen Entfernung zu stehen, aber eine Person ist winzig und die andere riesig. Geht die riesige Person aber hinüber zu der kleinen Person, schrumpft sie — verblüffend!

Des Rätsels Lösung ist die Form des Raumes: Er ist nicht rechteckig, sondern trapezförmig, sodass die kleiner wirkende Person viel weiter entfernt steht. Die Wände sind schief und die Decke senkt sich von links nach rechts ab, sodass die eine Person riesig und die andere winzig erscheint.

GUT BALANCIERT?

Schaue dir dieses Bild genau an. Der Mann scheint sehr wackelig auf aufeinandergestapelten Möbeln zu balancieren. Unser Gehirn sagt uns, so kann er nicht lange stehen bleiben. Tatsächlich aber kann er diese Position wahrscheinlich stundenlang halten, denn er liegt, wie Tisch und Stühle, auf dem Boden. Das Bild des Raumes wurde einfach um 90 Grad gedreht, sodass der Boden die Wand zu sein scheint — ein simpler, aber beeindruckender Trick.

Schräge Rückwand, die aufgrund
der Bodenfliesen gerade erscheint

Bodenfliesen werden
zur rechten Seite des
Raumes hin kleiner.

Tatsächliche Position
der kleineren Person

Scheinbare Position
der kleineren Person

Tatsächliche
Position der
größeren Person

Guckloch in der Wand

AMESRAUM

Schaue dir dieses große Mädchen und
die winzige Frau links hinten im
Zimmer an. Der Trick besteht hier
darin, dass die Person, die kleiner
erscheint, einfach viel weiter vom
Betrachter entfernt steht, der Raum
aber so gestaltet ist, dass unser
Gehirn dazu verleitet wird, zu denken, beide Personen seien gleich weit
entfernt. Die beiden Frauen haben
etwa gleich große Füße. Die kleineren
Bodenfliesen rechts sorgen aber dafür,
dass die Füße der jungen Frau viel
größer wirken. Die Skizze links zeigt,
wie der Raum funktioniert.

IN DER FERNe

Unser Gehirn versucht häufig, zwei verschiedene Bilder oder Objekte zu einem erkennbaren Bild zu vereinen. Das kann zu interessanten Effekten führen, wenn Täuschungen mit Perspektive, wie beim Beuchet-Stuhl (siehe gegenüber), oder mit Entfernungen spielen.

Wir haben ja schon gesehen, dass sich Bahnschienen immer näher zu kommen scheinen, je weiter sie sich von uns entfernen. Das Phänomen der Linearperspektive gilt aber nicht nur, wenn wir in die Ferne schauen, sondern auch beim Blick nach oben, etwa an einem hohen Gebäude hinauf. Nimmt unser Gehirn zwei Objekte wahr, die sich vor uns in den Himmel recken, sich in der Ferne aber nicht einander annähern, schlussfolgert es, dass sie auseinanderklaffen. Dabei kann es zu übertriebenen Winkeln kommen, wie bei den schiefen Türmen unten auf der Seite.

Eine völlig andere Art der Entfernungsillusion ist das Hybridbild. Hybridbilder entstehen aus zwei Bildern, die einander überlagern. Dabei erkennt man das eine Bild besser aus der Nähe, das andere besser aus der Entfernung. Wenn man also von einem Hybridbild zurücktritt, scheint sich ein Bild in ein anderes zu verwandeln.

SCHIEFE TÜRME

Schaue dir diese Fotos des Schiefen Turms von Pisa genau an. Der rechte Turm steht schiefer als der linke, oder? Tatsächlich ist es zweimal dasselbe Foto. Die Täuschung entsteht, weil die beiden Türme keinen gemeinsamen Fluchtpunkt haben.

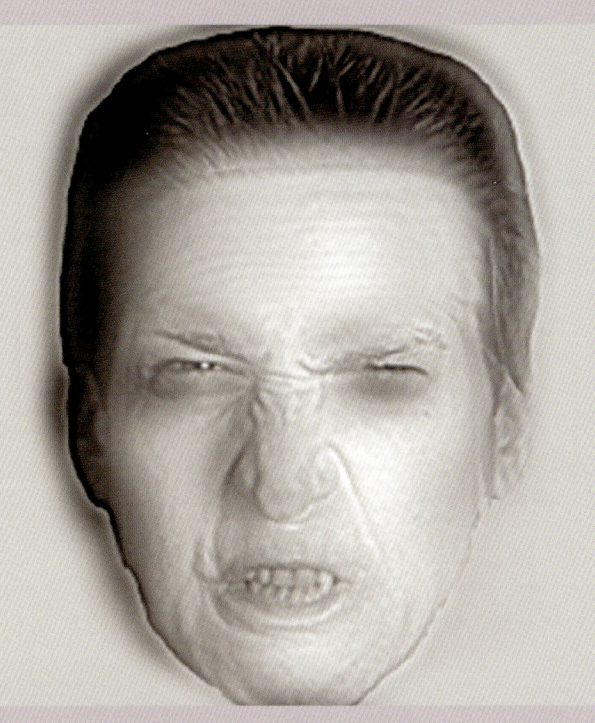

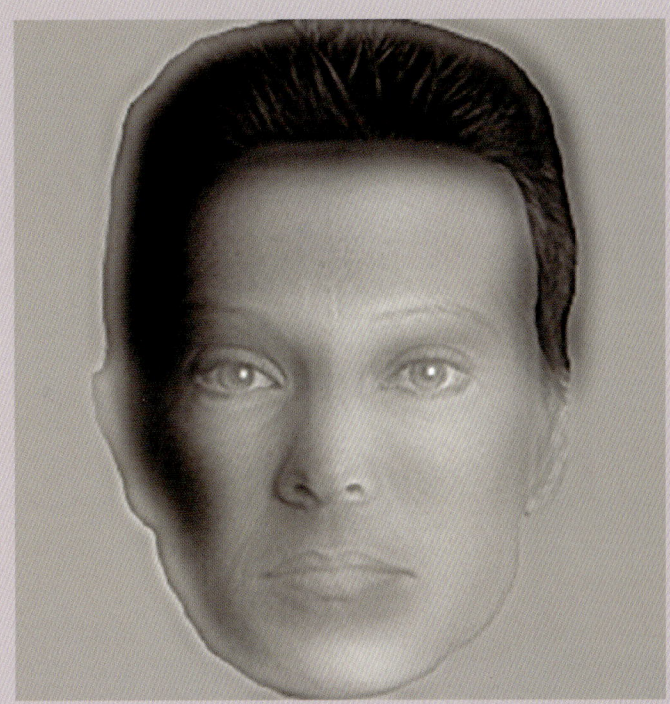

DOPPELGESICHTIG

Hier siehst du links einen wütenden Mann und rechts eine entspannte Frau – zumindest solange du die Bilder aus der Nähe betrachtest. Bitte jemanden, das Buch für dich zu halten, und tritt 3–7 Schritte zurück. Erstaunlich: Die Gesichtsausdrücke ändern sich und der Mann wird ruhig, während die Frau wütend wird!

BEUCHET-STUHL

Dieser Trickstuhl wurde 1963 von dem Franzosen Jean Beuchet erfunden und spielt mit Entfernung, Perspektive und der Objekterkennung des Gehirns. So glauben wir, eine kleine Person auf einem großen Stuhl sitzen zu sehen. Dabei ist die sitzende Person normal groß. Sie sitzt nur auf einer riesigen Sitzfläche, die vom Betrachter viel weiter entfernt ist als die normal großen Stuhlbeine. Wenn Stuhlbeine und Sitzfläche in der Blickrichtung hintereinander liegen, nimmt unser Gehirn sie als eine Einheit wahr. Auf Seite 63 kannst du sehen, wie die Täuschung entsteht.

ERZWUNGENE PERSPEKTIVE

Erzwungene Perspektive ist eine Technik, die man in der Fotografie und beim Film einsetzt. Sie nutzt eine optische Täuschung, durch die ein Objekt entfernter, näher, größer oder kleiner erscheint, als es ist. Ein schönes Beispiel ist das Foto eines Menschen, der einen anderen Menschen auf der Hand zu tragen scheint.

In Fotografie und Film spricht man von erzwungener Perspektive, wenn zwei Gegenstände in unterschiedlicher Entfernung so vor der Kamera platziert werden, dass man beim Blick durch die Optik glaubt, sie stünden in derselben Entfernung.

KLEINER HAPPEN

Diese Männer verschlingende Frau ist ein typisches Beispiel für erzwungene Perspektive. Der Mann steht schlicht in größerer Entfernung zur Kamera, erscheint also auf dem Foto viel kleiner.

Die Technik nutzt die Gesetzmäßigkeiten von Größenverhältnissen, auf die sich unser Gehirn bei der Objekterkennung verlässt. Auf diese Weise entstehen erstaunliche, oft amüsante Effekte.

MOND AUF REISEN

Mit der Schubkarre kann man schon so manches transportieren, aber den Mond? Diese einfache Täuschung durch die sorgfältige Platzierung der Schubkarre auf einer Linie mit dem Mond stammt vom französischen Fotografen Laurent Laveder.

GEMALTER REGENBOGEN

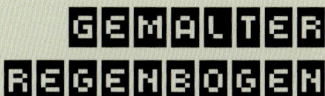

Ein weiteres lustiges Beispiel für erzwungene Perspektive. Es wirkt, als würde jemand den Regenbogen über der Stadt Honolulu auf Hawaii in den Himmel malen.

UND JETZT BIST DU DRAN!

Versuche doch selbst einmal, mit der Kamera oder dem Handy ein Bild mit erzwungener Perspektive zu fotografieren. Um zwei Objekte im Sucher genau auszurichten, brauchst du ein gutes Auge und etwas Geduld. Am besten wirken die Fotos, wenn die Objekte einen Gegensatz bilden, wie etwa ein Denkmal ganz klein im Hintergrund und einer deiner Freunde groß daneben im Vordergrund. Nimm am besten viele Fotos auf und konzentriere dich dabei auf einen Punkt kurz hinter dem Objekt, das dir am nächsten ist. Suche das beste Foto heraus.

Wenn dir eine gute Idee fehlt, probiere mal Folgendes:

▶ Jemand tritt auf eine anscheinend winzige Person.

▶ Jemand schiebt ein anscheinend winziges Bauwerk.

▶ Jemand im Hintergrund balanciert auf einem seltsamen Objekt im Vordergrund.

▶ Ein kleines Haustier im Vordergrund erscheint im Vergleich zu Menschen im Hintergrund riesig.

LÜCKEN FÜLLEN

Wie wir schon beim Blinden Fleck gesehen haben, bekommt unser Gehirn nicht immer ein vollständiges Bild geliefert und füllt Informationslücken einfach selbst aus. Manchmal stützt es sich dabei auf unsere Erfahrung und stellt Annahmen darüber an, was am wahrscheinlichsten ist. Dabei kommt es bisweilen zu faszinierenden Fehlannahmen.

Bei mehreren verschieden geformten Objekten geht unser Gehirn gerne davon aus, dass es sich um ein zusammenhängendes Bild handelt, und versucht, ein Muster zu erkennen oder Ordnung ins Bild zu bringen. Bei „subjektiven Konturen", auch „eingebildete Konturen" genannt, füllt unser Gehirn Lücken, indem es Kanten oder Objekte in einem Bild erkennt, wo eigentlich gar nichts ist — kein Farb-, Helligkeits- oder Oberflächenwechsel. Dies passiert häufig, wenn wir ungewöhnliche Formen sehen, die sich unser Gehirn so erklärt, dass eine Form über einer anderen liegt.

Siehst du das unsichtbare Dreieck?

KANIZSA-DREIECK

Was siehst du? Wenn du drei Kreise siehst, über denen ein Dreieck liegt, bist du nicht alleine. Genauso beschreiben es fast alle Menschen. Aber eigentlich ist gar kein Dreieck da. Es gibt keine Kanten und die Farbe ist die des Hintergrunds. Die Kreise mit den ausgeschnittenen Ecken, die ein wenig an die Videospielfigur Pacman erinnern, erzeugen die Illusion einer subjektiven Kontur.

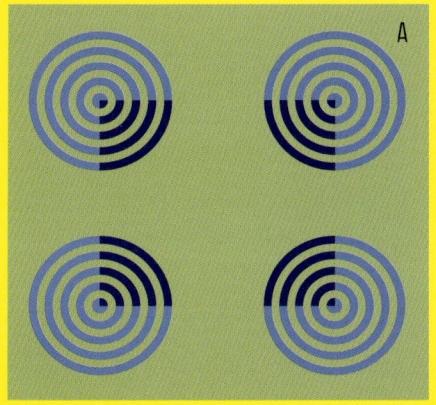

SUBJEKTIVE KONTUREN

Hier siehst du weitere Beispiele für subjektive Konturen.
Unser Gehirn füllt die Lücken
zwischen den Kreisen in Bild A
und B und konstruiert daraus
ein Quadrat (Bild A) und einen
Würfel (Bild B). Genauso gibt
es im Bild C eigentlich keine
Kugel, unser Gehirn interpretiert die Anordnung der Hütchen
aber als Zacken, die aus einer
Kugel ragen. In Bild D scheint
vor dem schwarz gestreiften
Hintergrund eine ovale Form zu
schweben, obwohl da gar kein
Oval ist. Unsere Augen neigen
nur dazu, die verschiedenen
horizontalen Linien in Gruppen
zu teilen, und erzeugen dazwi-
schen eine Grenze.

POGGENDORFF-TÄUSCHUNG

Diese Täuschung wurde bereits 1860
entdeckt, aber bis heute streiten sich
Wissenschaftler, wie es dazu kommt.
Decke das rechte Bild mit einem Blatt
Papier ab und betrachte die schräge
schwarze Linie im linken Bild. Geht
sie in die blaue Linie über oder in
die rote? Die meisten Menschen wählen
die blaue Linie, das rechte Bild zeigt
aber, dass die rote Linie richtig
ist. Wenn du nun das Buch zur Seite
schiebst und das Bild aus dem Augen-
winkel betrachtest, siehst du erstaun-
licherweise sofort, dass die rote und
die schwarze Linie zusammengehören.

3-D-
TÄUSCHUNGEN

Seit Jahrhunderten nutzen Künstler das Wissen um Perspektive und Schatten, um flache Oberflächen räumlich erscheinen zu lassen. Einige von ihnen schufen und schaffen damit ganz verblüffende Bilder, indem sie alle Möglichkeiten dieser Maltechnik ausreizen.

„Trompe l'œil" nennt man Bilder, die unseren Augen auf einer glatten Oberfläche realistische dreidimensionale Szenarien oder Objekte vorgaukeln. Manchmal spiegeln sie in Räumen Säulen, zusätzliche Türen, Gewölbedecken oder andere architektonische Elemente vor, wo eigentlich nur glatte Flächen sind.

Keine echte Kuppel!

HOCH HINAUF

Diese Kuppel in der Kirche St. Ignatius in Rom ist nicht echt! Sie ist eine optische Täuschung, die der Maler Andrea Pozzo zwischen 1685 und 1697 schuf. Durch geschickten Einsatz von Licht und Schatten verwandelte er die leicht gewölbte Decke der Kirche in eine große, hoch aufragende Kuppel.

Heute schaffen Künstler wie Julian Beever, Joe Hill, Kurt Wenner, Edgar Müller und Tracy Lee Stum an Häuserfassaden oder auf Plätzen und Gehwegen höchst bemerkenswerte Kunstwerke. Man meint, in Häuser hineinsehen zu können oder dass sich in der Straße plötzlich ein tiefer Abgrund auftäte. Dabei sieht man eigentlich nur ein Bild auf Mauersteinen oder auf flachem Asphalt.

VORSICHT, KANTE!

Diese Straßenmalerei schuf der britische Künstler Joe Hill zur Premiere des Batman-Films „The Dark Knight Rises" 2012 in Madrid. Aus einem bestimmten Winkel gesehen, lässt das Bild den Betrachter in einen tiefen Abgrund blicken, obwohl der Boden völlig flach ist.

ABSTURZ

Der gefeierte Künstler Julian Beever schuf diese großartige optische Täuschung auf dem Straßenpflaster von Wien. Unser Gehirn sagt uns zwar, dass der fallende Mann offensichtlich gemalt ist, aber es braucht länger, bis es erkennt, dass das Gerüst und die Planken – selbst die, auf denen der echte Mann im Bild kniet – ebenfalls nur mit Kreide auf das zweidimensionale Straßenpflaster gemalt sind.

DOPPELDEUTIGE BILDER

Manche Bilder bieten gleich zweifachen Sehgenuss. Solche doppeldeutigen Bilder, auch Kippbilder genannt, sind so gemalt oder gezeichnet, dass unser Sehapparat zwischen zwei Varianten entscheiden kann, die er zu sehen glaubt. Obwohl sich im Bild nichts ändert, gibt es mehr als eine Sichtweise, wie unsere Augen und unser Gehirn ein solches Bild interpretieren können.

Wenn wir ein Kippbild betrachten, nimmt unser Gehirn meist erst einmal nur eine der möglichen Interpretationen des Bildes wahr. Es denkt: „Aha, ein Mann auf einem Fahrrad." Dann treffen mehr Signale im Gehirn ein und es erkennt, was das Bild noch darstellen könnte. Da beide Interpretationen möglich sind, kann unser Gehirn sich nie wirklich entscheiden, welche die richtige ist, und schaltet daher dauernd zwischen den beiden Bildern hin und her. Das macht Kippbilder so spannend!

Finde das verborgene Gesicht!

KIPPENDE KUNST

Oleg Shuplyak ist ein begnadeter Künstler aus der Ukraine. Er ist vor allem für seine Gemälde bekannt, die mehr als eine Interpretation zulassen. Dieses Bild heißt „Science and Religion" (Wissenschaft und Religion) und zeigt eine junge Frau und einen älteren Mann unter einem Bogen und im Hintergrund Landschaft – oder etwa nicht? Wenn du genauer hinsiehst, kannst du das Gesicht eines älteren Mannes erkennen, jenes des Naturforschers Charles Darwin.

WAS SIEHST DU?

Hier siehst du vier berühmte Kippbilder. Beim ersten Betrachten wirst du immer erst eine Interpretation entdecken. Wenn du länger hinsiehst, taucht dann wahrscheinlich ein zweites Bild auf — eine zweite mögliche Interpretation. Schreibe dir auf, was du erkennst, und schlage dann auf Seite 63 nach, um zu sehen, ob du richtig liegst.

AUF DEM KOPF

Die Bilder, die unsere Augen sehen, stehen auf der Netzhaut kopf. Erst unser Gehirn verarbeitet sie dann so, dass wir sie richtig herum sehen. Mit geschickten Zeichnungen und Bildern kann man das Gehirn bei dem Versuch, alles richtig herum zu drehen, in die Irre leiten. Dasselbe passiert bei Bildern, die nicht so stehen, wie unser Gehirn es erwartet.

Eine besondere Täuschung (siehe gegenüberliegende Seite, unten) spielt mit der Fähigkeit unseres Gehirns, Gesichter und Gesichtsmerkmale zu erkennen. Bestimmte Teile unseres Gehirns sind auf die Gesichtererkennung spezialisiert und — normalerweise — auch richtig gut darin. Aufrecht stehende Gesichter erkennt unser Gehirn dabei am besten. Steht ein Gesicht auf dem Kopf, also um 180 Grad gedreht, erkennt unser Gehirn zwar die einzelnen Teile des Gesichts, wie etwa Nase und Mund, aber nicht unbedingt, ob sie auch auf dem Kopf stehen. Man nennt dies Thatcher-Illusionen. Sie sind nach der ehemaligen britischen Premierministerin Margaret Thatcher benannt, da der Fotograf Peter Thompson den Effekt erstmals 1980 an einem Foto von Margaret Thatcher verdeutlichte.

Kannst du das Glas vom Tablett holen?

MAGISCHES TABLETT

Auf dem Tablett scheinen zwei Gläser zu stehen. Wie kannst du eines davon vom Tablett nehmen, ohne es anzufassen? Ganz einfach: Drehe das Buch auf den Kopf. Diese simple, aber eindrucksvolle optische Täuschung stammt von dem Wissenschaftler und Schriftsteller Gianni A. Sarcone.

JUNGE PRINZESSIN ODER ALTE MAGD?

Ob Magd oder Prinzessin, es handelt sich um ein und dasselbe Bild, nur um 180 Grad gedreht. Solche Bilder gibt es schon seit Jahrhunderten: 2006 wurde in Pomezia, 20 km südlich von Rom, ein 1700 Jahre altes römisches Mosaik entdeckt, das, von einer Seite betrachtet, einen jungen Mann zeigt, und von der anderen Seite betrachtet, einen alten Mann mit Bart.

THATCHER-ILLUSION

Auf diesen beiden Bildern ist zweimal ein und dieselbe junge Frau zu sehen, nur eben auf dem Kopf stehend. Aber stimmt das wirklich? Drehe das Buch mal um. Plötzlich sieht das eine Bild ganz fürchterlich aus, nicht wahr? Das liegt daran, dass in diesem Bild Augen und Mund ausgeschnitten und verkehrt herum wieder eingesetzt wurden. Das Gehirn erkennt zwar die Merkmale Augen und Mund im auf dem Kopf stehenden Bild, aber nicht, dass sie verkehrt herum sind.

GESICHTER

Wahrscheinlich hast du auch schon einmal auf Objekten in der Natur oder auf Alltagsgegenständen ein Gesicht erspäht, das es natürlich gar nicht gab. Es gibt sogar einen Fachausdruck dafür: Pareidolie. Er beschreibt das Phänomen, dass unser Gehirn aus zufälligen Mustern und Markierungen erkennbare Bilder bzw. Gesichter formt.

In dem verwirrenden Wust aus Informationen, den es von den Augen erhält, ist unser Gehirn ständig auf der Suche nach Ordnung und vertrauten Mustern, denn diese helfen ihm, komplizierte Bilder zu verstehen. Ein wichtiges Element dabei ist unsere Fähigkeit, Gesichter zu erkennen. Viele Wissenschaftler vermuten, dass uns diese Fähigkeit als Hilfe zum Überleben angeboren ist, damit wir schnell Familienmitglieder und Fremde, Freunde und Feinde unterscheiden können. Manchmal sorgt dies besondere Fähigkeit aber auch dafür, dass wir Gesichter sehen, wo gar keine sind. Es gibt indes auch Menschen, die Gesichter nicht erkennen können. Diese Krankheit heißt Prosopagnosie oder Gesichtsblindheit.

MIESE ZEIT

Schau dir mal die Bilder unten an. Eigentlich sind das nur die Rückseiten von zwei Weckern, aber welcher ist glücklich und welcher unglücklich? Du wirst die Frage in Sekunden beantworten können, denn unser Gehirn ordnet zufällige Muster aus Knöpfen, Schrauben und gebogenen Schlitzen automatisch zu Gesichtern. Weiter rechts wirst du unweigerlich auch ein Gesicht sehen, wobei es sich eigentlich nur um ein Klingelbrett mit Gegensprechanlage und Briefschlitz handelt.

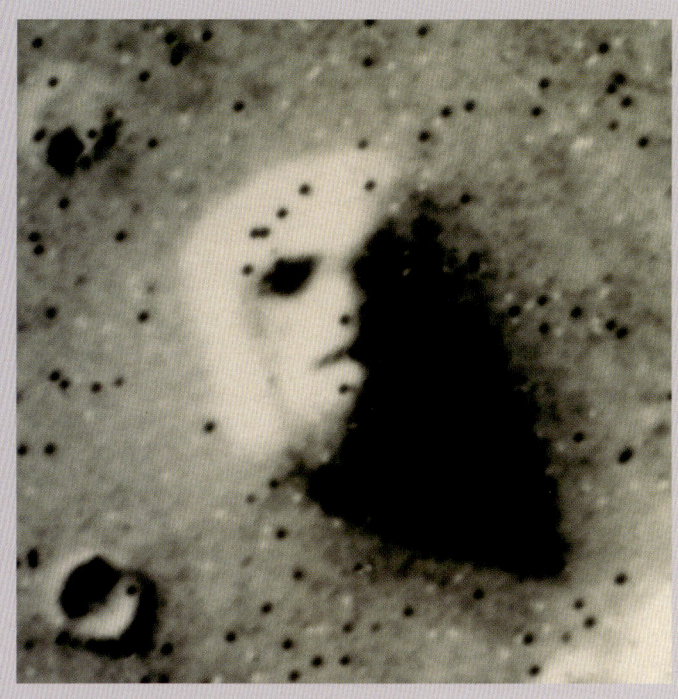

ÜBERALL GESICHTER

Überall auf dieser Welt und sogar darüber hinaus erkennen wir Menschen Gesichter. Der Grey Man of Merrick („Grauer Mann von Merrick", unten) ist ein verwitterter Fels in Schottland, der wie ein alter Mann aussieht. Das Bild links zeigt eine 3 km lange Felsformation auf dem Mars. Als die Raumsonde „Viking I" das Bild 1976 zur Erde sandte, erregte es viel Aufsehen.

UNMÖGLICHE BILDER

1958 veröffentlichte der Psychologe Lionel Penrose gemeinsam mit seinem Sohn Roger, einem Mathematiker, in einer psychologischen Fachzeitschrift einen Artikel über „Unmögliche Objekte". Er stellte der breiten Öffentlichkeit darin einfache, aber verworrene Zeichnungen von Objekten vor, die unsere Wahrnehmung hinters Licht führen. Seither sind viele weitere Bilder entstanden, die uns in Erstaunen versetzen.

Wenn wir ein zweidimensionales Bild auf Papier betrachten, interpretiert unser Gehirn es als dreidimensionalen Gegenstand, wenn der Künstler es auf eine bestimmte Weise gemalt hat. Künstler, die unmögliche Figuren malen, brechen oftmals die Regeln der Malerei, indem sie Objekte aus mehreren Blickwinkeln oder Perspektiven gleichzeitig zeichnen. Eigentlich sind es nur Illustrationen auf Papier, aber wenn unser Gehirn sie als dreidimensionale Gebilde erkennt, ist es verwirrt, da man diese Gebilde niemals dreidimensional nachbauen könnte.

Auf Seite 59 erfährst du, wie du eine unmögliche Form zeichnen kannst.

BERÜHMTE FIGUREN

Diese drei berühmten unmöglichen Formen machen einem einen Knoten ins Gehirn. Wie können die Streben links einen Würfel bilden? Oder verfolge mal die Seiten des Dreiecks. Völlig unmöglich wechselt eine Seite von der Außenseite des Dreiecks auf die Innenseite. Oder zähle, wie viele Zinken die Figur rechts hat. Sind es zwei oder drei?

PENROSE-TREPPE

Wenn wir uns die Figuren auf der Treppe genauer ansehen, scheinen sie alle die Bausteintreppe hinaufzugehen. Die Treppenabschnitte sind alle verbunden und führen alle aufwärts, ohne dabei höher zu werden. Wie ist das möglich? Es liegt nur daran, dass unser Gehirn das Bild als dreidimensionales Objekt interpretiert, obwohl es lediglich ein flaches Bild auf Papier ist.

DER UNMÖGLICHE ELEFANT

Wie viele Beine hat der Elefant in diesem berühmten Täuschungsbild von Professor Roger N. Shepard? Es müssten vier sein, oder? Aber sieh mal genau hin und zähle nach ... Alles klar?

HÖCHST SELTSAM

Einige Künstler haben mit unmöglichen Figuren ganz besonders verwirrende Bilder geschaffen, die unser Gehirn auf die Probe stellen. Der berühmteste unter ihnen ist der Niederländer Maurits Cornelis (M. C.) Escher (1898–1972). Er war von Geometrie und Perspektive fasziniert und nutzte sie in Verbindung mit sorgfältig gesetzten Lichtern und Schatten, um unmögliche Szenen zu erschaffen, die andere Künstler zu eigenen Bildern inspirierten.

DIE TERRASSE

In David MacDonalds verwirrendem Bild „Die Terrasse" von 1999 wirkt die gepflasterte Fläche eben. Dennoch steigt ein Bauarbeiter eine Leiter zum oberen Ende hinauf. Wenn du den oberen und den unteren Bereich des Bildes mit den Händen abdeckst, wirkt alles normal, aber das Gesamtbild wirkt extrem verstörend.

RELATIVITÄT

In seinem Bild „Relativität" (links) scheint M.C. Escher die Gesetze der Schwerkraft auf den Kopf zu stellen. Im Bild sind 16 Personen zu sehen, die entweder sitzen oder Treppen hinauf- oder hinuntergehen, als ob die Schwerkraft aus allen Richtungen auf sie wirken würde. Wenn du das Buch um 45 oder 90 Grad drehst, verändert sich das Bild.

MALE ETWAS UNMÖGLICHES!

Es ist ganz einfach, selbst eine unmögliche Figur zu entwerfen. Zeichne zuerst sechs lange parallele Linien und verbinde immer zwei von ihnen mit einer Spitze. Male dann in jede Säule auf der rechten Seite ein wenig Schatten.

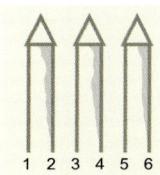

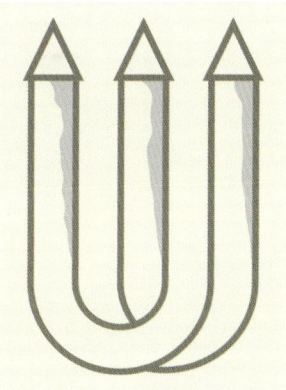

Decke den oberen Teil des Bildes mit einem Blatt ab, sodass nur noch kurze Striche herausragen. Verbinde die erste und fünfte Linie mit einem großen Bogen und die zweite und vierte Linie mit einem kleineren Bogen. Zeichne zum Schluss noch die beiden roten Linien (siehe Bild) ein.

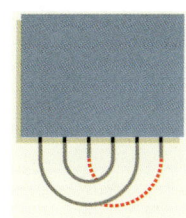

Decke nun den oberen Bildteil wieder auf und schaue dir dein Bild an. Du hast eine unmögliche Figur geschaffen!

STEREOGRAMME

Ein Stereogramm ist ein flaches, zweidimensionales Bild, das so bearbeitet wurde, dass es aus einem bestimmten Blickwinkel wie aus Zauberhand eine dreidimensionale Wirkung hat. Viele Stereogramme wurden mit Computern erschaffen und einige enthalten Objekte, die erst auftauchen, wenn man lange genug auf das Bild schaut.

Betrachtet man zum ersten Mal ein Stereogramm, kann es recht schwierig sein, das darin verborgene Bild zu erkennen. Man braucht Geduld. Betrachte das Bild gegenüber und versuche, deine Augen zu entspannen, so als ob du durch das Bild hindurchsehen würdest. Halte die Seite dabei immer flach und gib nicht auf, wenn du das verborgene Bild nicht sofort entdeckst.

Ein Tipp: Halte das Bild so nah vor die Augen, dass du mit der Nase die Seite berührst. Dann können deine Augen nicht scharf stellen und du schaust praktisch durch das Bild. Verändere den Blick nicht und führe die Seite langsam vom Gesicht weg. Dann sollte das verborgene Bild auftauchen.

VERBORGENES REH

Hier ein Beispiel für ein Stereogramm (links) und das in ihm verborgene Bild. Es zeigt dir, wonach du in Stereogrammen Ausschau halten kannst. Das Bild stammt von Gene Levine von Color Stereo. Auf den ersten Blick sieht es aus, als wären nur verworrene Farben zu sehen. Bei genauem Hinsehen kann man aber ein sich wiederholendes Muster einer Buschlandschaft erkennen. Wenn man das Bild lange genug betrachtet, taucht irgendwann ein dreidimensionales Reh (links unten) auf!

AUF DEM EIS

Betrachte nun das kalte, winterliche Bild von Gene Levine auf der rechten Seite. Drehe das Buch und lege es flach hin. Dann betrachte das Stereogramm und finde heraus, welche Tiere dort ganz fröhlich vor sich hin leben. Viel Glück dabei!

61

GLOSSAR

Binokulare Sicht
Sehweise, bei der Bilder mit zwei Augen gleichzeitig betrachtet werden, um eine gute Tiefenwirkung zu erzielen.

Blende
Ein Loch oder eine Öffnung, wie die Pupille, die Licht ins Auge lässt.

Blinder Fleck
Eine kleine Region auf der Rückseite des Auges, an der der Sehnerv austritt. Dort sitzen keine lichtempfindlichen Zellen, sodass der Fleck blind ist.

Farbenblindheit
Eine verminderte Fähigkeit, Farben (meist Rot und Grün) zu unterscheiden.

Fluchtpunkt
Der Punkt, an dem sich zwei parallel verlaufende Linien in der Entfernung zu treffen scheinen.

Fokussieren
Bündeln — unsere Augen tun dies, damit wir ein Bild scharf sehen.

Fotorezeptoren
Lichtempfindliche Zellen in der Netzhaut der Augen — Stäbchen und Zapfen.

Gesichtsfeld
Der Bereich, den unsere Augen in einem bestimmten Moment wahrnehmen können.

Hornhaut
Der durchsichtige vordere Teil des Auges, der die Iris und die Pupille bedeckt.

Konvex
Etwas, das nach außen gewölbt ist, wie etwa die Linse des Auges.

Laterale Hemmung
Die Fähigkeit von Neuronen (Nervenzellen), die Aktivität benachbarter Neuronen einzuschränken.

Linearperspektive
Eine Art der Perspektive, bei der parallel verlaufende Linien in der Entfernung einander näherzukommen scheinen, wodurch ein Bild Tiefe erhält.

Linse
Eine durchsichtige, gewölbte Scheibe hinter der Iris des Auges, die das Licht, welches ins Auge fällt, auf der Netzhaut bündelt.

Mikrosakkaden
Winzige, ruckartige Bewegungen, die unsere Augen machen.

Nachbilder
Eine Art optische Täuschung, bei der wir ein Bild noch sehen, obwohl wir es schon nicht mehr betrachten.

Netzhaut
Eine Schicht aus lichtempfindlichen Zellen, die die Hinterwand des Auges bedeckt.

Neuronen
Die wissenschaftliche Bezeichnung für Nervenzellen — Körperzellen, die auf die Übermittlung von Signalen spezialisiert sind.

Parallaxe
Die scheinbar geänderte Position eines Objekts, wenn es aus zwei Blickwinkeln betrachtet wird.

Propriozeption
Ein Sinn, der uns erlaubt zu erkennen, wo sich alle Teile unseres Körpers im Raum befinden.

Prosopagnosie
Eine verminderte Fähigkeit, Gesichter zu erkennen, auch „Gesichtsblindheit" genannt.

Pupille
Die runde Öffnung vorne in der Mitte des Auges, durch die das Licht fällt.

Sehnerv
Ein großes Nervenfaserbündel, das die Signale vom Auge zum Gehirn leitet.

Stäbchen
Lichtempfindliche Zelle in der Netzhaut des Auges, die uns bei wenig Licht sehen lässt.

Stereogramm
Ein zweidimensionales Bild, das bei einer bestimmten Art der Betrachtung den Eindruck räumlicher Tiefe vermittelt.

Wechselbilder
Eine Art optische Täuschung, die zwei Bilder in einem zeigt.

Zapfen
Lichtempfindliche Zellen in der Netzhaut des Auges, die Farben erkennen.

ANTWORTEN

S. 6–7 TRAUE DEINEN AUGEN NICHT!

Fisch ohne Wasser Konzentriere dich 45 Sekunden lang auf den Fisch und schaue dann schnell in die Mitte des Fischglases. Der Fisch sollte wie von Zauberhand auftauchen!

Farbverwirrung Wie viele Farben hast du gesehen? Wenn du sieben gezählt hast (Rot, Blau, Gelb, Grün, Weiß, Orange und Braun), liegst du falsch. Es sind nur sechs verschiedene Farben. Das orangefarbene Quadrat (in der Mitte der Würfelseite, die zu dir zeigt) und das braune Quadrat (in der Mitte der Oberseite) haben exakt dieselbe Farbe.

Würfel zählen Wenn du gerade auf die Zeichnung schaust, wirst du sechs Würfel zählen, drehst du das Buch aber um 90 Grad, siehst du plötzlich sieben Würfel.

Den Bogen raus Die Bogen stammen alle aus demselben Kreis.

Spirale oder Kreis? Es sieht zwar so aus, als bestünde dieses Bild aus einer Spirale, doch die schwarz-weißen Ringe sind tatsächlich Kreise. Diese Täuschung heißt Fraser-Spirale.

S. 13 AUGEN AUF!

Test zur Farbenblindheit In der Mitte sollte in Grün die Zahl 74 zu sehen sein.

S. 29 LICHT & SCHATTEN

Adelsons Schachbrett Das Bild rechts oben beweist, dass die beiden Quadrate des Schachbretts genau denselben Grauton haben.

S. 43 IN DER FERNE

Beuchet-Stuhl Das Bild in der Mitte rechts zeigt, wie die Täuschung des Beuchet-Stuhls funktioniert.

S. 51 DOPPELDEUTIGE BILDER

Was siehst du? (im Uhrzeigersinn von rechts oben) Alte/junge Frau, Eisbär/Robbe, Vase/zwei Menschen im Profil, Hase/Ente

S. 61 STEREOGRAMME

Rechts siehst du das im Stereogramm „verborgene Bild": zwei Pinguine.

Adelsons Schachbrett

Beuchet-Stuhl

Verborgenes Bild im Stereogramm

REGISTER

Bildnachweis